美军武器装备采办绩效评估研究

A Study on the Performance Assessment of U.S. Weapons and Equipment Acquisition

刘同　吕彬　编著

国防工业出版社

·北京·

内 容 简 介

本书聚焦于美军武器装备采办绩效评估,结合相关案例对美军武器装备采办绩效评估的主要做法进行总结分析,为我军开展武器装备采办绩效评估提供参考。本书内容主要包括本书研究的意义、涉及的概念及所用的研究理论和方法;采用总分结构介绍美军武器装备采办绩效评估的具体做法;从辩证的角度出发,总结美军武器装备采办绩效评估在思路、数据、指标、方法和结果运用等 5 个方面的特点,并分析美军武器装备采办绩效评估完善性和管理方面的不足;结合我国、我军实际情况,分析我军开展武器装备采办绩效评估的难易程度,并且借鉴美军武器装备采办绩效评估的相关经验做法,提出我军开展武器装备采办绩效评估工作的措施建议。

本书可供武器装备发展论证、装备采购、装备管理等工作人员,以及从事军事装备学、管理学、国防经济学等专业的研究人员参考使用。

图书在版编目(CIP)数据

美军武器装备采办绩效评估研究/刘同,吕彬编著. —北京:
国防工业出版社,2017.12
ISBN 978-7-118-11539-0

Ⅰ. ①美… Ⅱ. ①刘… ②吕… Ⅲ. ①武器装备—采购—经济绩效—评估—美国 Ⅳ. ①E712.447

中国版本图书馆 CIP 数据核字(2018)第 032761 号

※

国防工业出版社出版发行

(北京市海淀区紫竹院南路 23 号 邮政编码 100048)
天津嘉恒印务有限公司印刷
新华书店经售

*

开本 710×1000 1/16 印张 14¼ 字数 277 千字
2017 年 12 月第 1 版第 1 次印刷 印数 1—2000 册 定价 68.00 元

(本书如有印装错误,我社负责调换)

国防书店:(010)88540777 发行邮购:(010)88540776
发行传真:(010)88540755 发行业务:(010)88540717

前　言

武器装备采办是军队建设的重要内容，直接影响军队战斗力的形成和战争的胜负。随着军事技术的快速发展和战争形态的不断演变，高技术武器装备的研制、生产和保障变得日益复杂，与此相应的采办成本也日趋昂贵。如何在有限经费的约束下，高效地获取高质量的武器装备成为采办过程中受到广泛关注的问题。

武器装备采办绩效评估是指专门机构和人员在掌握武器装备采办相关信息的基础上，通过一定的方法、标准以及程序，对武器装备采办的成绩和效果进行衡量、评价，并得出可用结论的过程。在武器装备采办中引入绩效评估，有利于发现采办过程中存在的不足，提出针对性的整改措施和方案，有效提升武器装备采办的效益。美军武器装备采办早已建立了绩效评估的机制并不断完善，形成了国会、国防部和智库 3 个层次、内部评估与外部评估相结合的绩效评估模式，一定程度上解决了武器装备采办中有限经费、有限时间和高质量武器装备之间的矛盾，值得我军借鉴。

本书系统梳理美军武器装备采办绩效评估的主要做法，结合相关案例对美军做法中的特点、不足进行总结分析，并借鉴美军经验，理清我军武器装备采办绩效评估思路和推动措施，为我军开展武器装备采办绩效评估提供参考。本书共设置 9 章，可以分为 4 个部分。

第 1 章主要介绍本书的研究背景，内容包括开展美军武器装备采办绩效评估研究的意义、武器装备采办绩效评估的概念内涵以及开展研究所依据的理论和方法。其中，概念界定部分运用概念分解的方式进行，通过对"武器装备采办绩效评估"的定义，明确了其地位作用、构成要素和主要内容。本书将美国国会、国防部及智库 3 个层次独立开展的评估工作，统一纳入到美军武器装备采办绩效评估概念限定的体系之中，为更加系统、高效地研究美军武器装备采办绩效评估工作提供了新思路。

第 2 章至第 6 章，主要介绍美军武器装备采办绩效评估的具体开展情况。其中，第 2 章从美军武器装备采办绩效评估机构、对象和结果运用 3 个方面，梳理了美军政府问责办公室（GAO）侧重于问责、采办绩效与原因分析办公室（PARCA）侧重于内部评估和智库被动式开展的 3 类武器装备采办绩效评估工作，回答了美军武器装备采办绩效评估谁来评、评什么以及评估完怎么用的问题；第 3、4、5 章从评估数据、评估指标和评估方法等方面，分别介绍了 GAO、PARCA 和智库的评估做法；第 6 章从以单一项目为评估基础和大量项目为评估基础两个方面，通过美军武器装备采办绩效评估的具体案例，对前面章节梳理的评估方法进行还原验证。

第 7 章归纳了美军绩效评估的评估思路、评估数据、评估指标、评估方法和评估结果运用等 5 个方面的特点，分析了美军评估中在政治制度、评估对象、评估数据的不完善和统管机制、信息管理机制、内部控制机制的缺乏两个方面存在的不足，对我军开展武器装备采办绩效评估具有重要的借鉴作用。

第 8 章和第 9 章采用模糊综合评价与层次分析相结合的方法，从绩效评估的科学性、全面性、有效性、易行性和延续性等 5 个方面出发，构建了我军武器装备采办绩效评估难易程度分析模型，再结合美军武器装备采办绩效评估的相关做法和经验教训，从评估组织体系、评估对象、评估数据管理、评估指标体系、评估方法和评估结果运用等 6 个方面对我军开展武器装备采办绩效评估的思路进行设计，并从评估政策制度、评估人才队伍、激励机制和信息化手段等 4 个方面提出相关措施建议。

本书在国内外相关实际情况的基础上进行了系统归纳、合理推断、进阶提炼等方面的尝试，得到了一些有益的成果，对我军建立完善的武器装备采办制度具有现实意义，也为我军深化武器装备采办改革提供了借鉴参考。特别感谢中国国防科技信息中心政策与管理研究室赵超阳主任、张代平研究员、张玉华研究员、曾昊助理研究员、李晓松博士、周磊助理研究员、谢冰峰助理研究员、周静助理研究员、李宇华助理研究员和李维助理研究员给予的支持与帮助。

由于受限于研究资料的获取范围以及作者的学识水平，本书对于武器装备采办绩效评估的研究还存在很大的局限性，难免会出现错误和纰漏，恳请广大读者批评指正。

作　者

2017 年 4 月

目　录

1 绪 论

1.1 研究意义

随着军事技术的快速发展和战争形态的不断演变，高技术武器装备的研制、生产及保障日益复杂。习主席在十二届全国人大一次会议中提出了"能打胜仗"的强军目标，并在 2014 年底全军装备工作会议上做出"质量至上"的指示，对我军武器装备质量与性能的要求越来越高，与此相应的采办成本也日趋昂贵。特别是我军近年来重大科研项目拖进度、降指标和涨经费的情况还比较严重。如何处理有限的采办经费与快速获得高质量的武器装备之间的矛盾，是武器装备采办各级机关和人员高度关注的重要问题。

武器装备采办是一个复杂且具有连续性的系统，其中每一个环节的好坏，都会对最终的采办结果产生影响。因此，要在有限的资金、时间条件下，获得最大的武器装备采办效益，需要引入绩效评估机制对现有的武器装备采办体系中各个环节的效益进行把控，寻找整个过程中的短板，并采取针对性措施，这对解决当前武器装备采办遇到的矛盾尤为有效。

美军武器装备采办中很早就建立了绩效评估的机制，并随着时间的推移不断完善扩展。目前，美军已形成了国会、国防部和智库 3 个层次、内部评估与外部评估相结合的绩效评估模式，并且将评估结果运用到了"更佳购买力 3.0"等政策制定及 F-35、ARH 武装侦察直升机等具体采办项目的改进中。美军的做法为采用绩效评估解决武器装备采办中有限经费、时间和高质量武器装备之间矛盾提供了实证，也为我军开展此类工作提供了思路和方法借鉴。

本书以情报学理论方法为基础，结合绩效管理等理论方法，对美军武器装备采办绩效评估的相关政策法规、评估报告、研究文献等一手资料进行分析，总结美军武器装备采办绩效评估的主要做法和经验教训，为完善我军武器装备采办制度提供借鉴，并未我军武器装备采办全过程建立绩效评估机制提供参考。

1.2　相关概念

"绩效"是现今生活中出现频率较高的一个名词，即使没有深入研究过这个名词的具体含义，大多数人依旧能讲出它的意思，但"武器装备采办绩效"的含义却并不容易讲清楚，需要对"武器装备采办绩效"的概念进行界定，统一认识便于后文的理解。

概念界定运用概念分解的方式进行。首先，将"武器装备采办绩效评估"拆分为"绩效"、"绩效评估"以及"武器装备采办"3个概念；然后，分别对上述3个拆分概念的含义进行阐释；最后，综合考虑拆分后3个概念的含义，对"武器装备采办绩效评估"的概念进行界定。

1.2.1　绩效

早在20世纪初，国外研究学者就有了组织绩效评估的概念，而在20世纪30年代，国外就开始了绩效方面的研究，有学者认为"绩效是一个组织用实际产出衡量预期产出的结果，由三部分组成：财务业绩、产品市场表现和投资回报率"[1]。从字面上来看，绩效由"绩"和"效"两部分组成，其中"绩"是指业绩、成绩，而"效"是指效率、效果，因此绩效的一般含义是指实施一项活动的成绩和效果。从管理学的角度来看，绩效是指在投入之后期望的结果，这种期望的结果可以表现在不同的层次上，从而可以相应地形成个人绩效、团体绩效或者组织绩效。通常情况下，绩效具备可测量的属性，大多通过投入和产出进行评判。

绩效可以用一个数值进行描述，或者粗略用好或者坏这样模糊的概念进行描述。从描述方式可以看出，绩效是一个相对概念，要使它具备意义，必然有一个相应的标准与它一起出现，这一标准可以是事前设定好的绩效目标、历史绩效或者其他个体的绩效等。

1.2.2 绩效评估

评估是指专门机构和专业人员根据特定的目的，依据有关程序和方法，对被评价对象进行研究分析，并做出科学的衡量和判断的过程[2]。

以绩效和评估的概念为基础，绩效评估的概念相对来说较为简单，是指专门机构和专业人员在掌握一定绩效信息的基础上，通过一定的方法、标准以及程序，对行为主体绩效进行衡量和判断，并得出可用结论的过程。绩效评估可以简单抽象为：采用恰当的手段方法，挖掘隐含在评估信息中的有价值信息，得出与绩效相关的结果，并通过分析得出评估结论。

从绩效评估的概念可知，绩效评估涉及评估主体、评估对象、评估的方法手段及用以支撑评估的事件这 4 个要素。评估主体和评估对象是绩效的直接利益相关者，评估主体希望通过绩效的约束实现自身的目标，而评估对象希望通过绩效实现自身的价值。大多数情况下，评估主体和评估对象并不相同，但评估主体需要对自身的绩效进行评估时，两者也可相同。

绩效评估中，评估主体是整个评估过程的发起者，评估对象与支撑评估的事件直接相关。绩效评估主体的预期目标直接影响绩效标准，同时也决定了绩效评估的具体内容，因此绩效评估具有较强的主观性，不存在绝对的客观，同时也不存在绝对科学的绩效评估方法。绩效评估方法的科学性和评估的客观性需要结合具体事例，进行改进和协调。

常见的绩效评估方法包含平衡记分卡、"三 E"评估法、标杆管理法、

"三 D"评估法、"顾客满意度"评估、"APC"评估法、关键绩效指标和 360 度绩效评估反馈等。不同的评估方法分别对指标体系设置进行了独特的设计：平衡计分卡（BSC）是 1992 年哈佛大学教授 Robert Kaplan 与诺朗顿研究所所长 David Norton 提出的一种绩效评估方法，从组织的财务状况、顾客服务、内部经营和学习成长 4 个方面对绩效进行评估；"三 E"评估法，是指经济（Economy）、效率（Efficiency）和效果（Effectiveness）；标杆管理法是通过设立一定的标杆，通过与标杆进行比较，从而对绩效进行评估；"三 D"评估法，是指诊断（Diagnosis）、设计（Design）和发展（Development）；"APC"评估方法，是指问责（Accountability）、绩效（performance）和能力（Capacity）；"顾客满意度"评估法来源于企业界，通过顾客感受到的服务质量与预期值的比较来评估绩效；关键绩效指标（KPI），是通过对组织中某一流程输入端和输出端的关键性能指标进行调查、分析，从而对组织绩效进行衡量；360 度绩效评估反馈，是通过广泛搜集与被评估对象相关的信息，全方位评估受评对象。几种常见的组织绩效评估方法优缺点比较见表 1.1。

表 1.1　组织绩效评估方法优缺点比较

方　法	优　点	缺　点
平衡记分卡	评估指标体系全面，不仅是绩效衡量系统，而且是企业运营策略管理工具	
"三 E"评估法	只关注结果，有助于组织绩效的提高	忽略组织的多元性，指标单一、片面
标杆管理法	指标体系建设更加全面、完善	指标体系繁杂，且容易忽视组织公共性
"三 D"评估法	改进了"三 E"评估法的缺陷	难以进行定量评估，偏重于定性评估
"顾客满意度"评估	一种自下而上的评估方法	对于组织绩效评估来说，并非一个理想的指标
"APC"评估法	强调组织问责和能力的评估	
关键绩效指标	分层次的绩效评估指标使得评估更加科学、细化	指标体系建立复杂，需要反复试运行
360 度绩效评估反馈	可以全面、客观地了解评估结果	多用于人员绩效评价,偏重于定性评价

绩效评估指标体系建立之后，需要对信息或数据进行搜集、处理，这就需要用到统计分析方法，因此统计分析方法在绩效评估中的运用也是国外现阶段研究的热点。常用的统计分析方法主要包括数据初步分析法、统计推断法、统计检验法和回归分析法，见表1.2。例如，2001年英国国家审计署采用"三E"评估方法，在对高等教育进行绩效评估时，为研究高校教学质量与学生辍学率之间的关系，运用数据初步分析法，得出"教学水平越高，辍学率越低"的结论。

表1.2　常用统计分析方法

方　法	简　介	特　点
数据初步分析法	通过对关键指标的初步分析，了解所研究问题的特征	简单、易用
统计推断法	运用抽样统计技术，对样本研究，从而推断总体情况	适用于样本量大的系统
统计检验法	根据已经掌握的情况，对某一指标提出假设，通过研究，判断假设是否成立	思路清晰，但是计算复杂
回归分析法	用于分析变量间可能存在的关系，并对将来作出预测	包括线性回归、方差分析、多元线性回归等

从整体来看，目前国外有关绩效评估的研究主要集中在组织绩效评估的细化研究方面，如目前国外很多非营利组织绩效评估的研究[3]，又如政府绩效评估也属于组织绩效评估细化研究[4]。这些研究都是结合研究对象组织的特征，运用已有的组织绩效评估方法进行绩效评估。国内关于绩效的研究也主要集中于组织绩效评估，具体包括组织绩效评估方法应用、组织绩效评估方法研究和组织绩效影响因素研究三个方面。

项目绩效评估是从绩效评估概念中延伸出来的一类绩效评估。项目绩效评估起源于工程项目的评估实践，早期的项目绩效评估较为注重成本和效益的分析，主要偏重于项目财务方面的评估。如美国政府1936年颁布的《全国洪水控制法》，主张利用成本和效益分析法对洪水控制和水域资源管理项目的绩效进行评估[5]。随着项目绩效评估实践的发展，人们发现仅针对经济效益的项目绩效评估不能满足实践的需求，由此也催生了一大批关于项目绩效评估的理论和方法的研究。不过，尽管项目绩效评估领域的研究越来越多，也有许多关于现有评估机制或方法思考、探讨的研究，但是至今依旧没有形成统一的理论和标准化的方法。目前，国内项目绩效评估方面的研究主要集中在对国外有关项目绩效评估做法的探讨和项目绩效评估具体做法的研究上。

1.2.3 武器装备采办

美军武器装备采办绩效评估报告标题为"Performance of Defense Acquisition System"，评估对象直译为"国防采办系统"。PARCA 对国际采办系统的描述为"为作战人员提供武器装备研制、开发、生产和保障以及相关服务的系统"。从文字角度看，"系统"两字将国防采办由"事"向"物"具体化，但就绩效评估的对象而言，"国防采办"与"国防采办系统"并不存在具体含义上的差异。为减少词汇过多带来的麻烦，在谈到绩效评估对象时，通常用"国防采办"代替"国防采办系统"。

美国防采办大学发布的《国防采办缩略词和术语表》中对采办的定义为：为保障军队任务或满足军队任务使用需求，而进行的的一系列武器装备及其他系统的概念化、设计、开发、试验、承包、生产、部署、后勤保障、变更和处置的活动，以及为满足国防部需求的服务和保障活动[6]。美国国防部对于武器装备采办绩效评估的绩效评估对象——"采办"的定义为：国防部向其用户提供有效、可承担、及时的产品的管理过程[7]。美军所指的采办"Defense Acquisition"直译为"国防采办"，我军提到的采办一般为"武器装备采办"。武器装备采办和国防采办两者之间存在一定的差别：国防采办的内涵要比武器装备采办更为丰富，不仅仅包含武器装备系统的采办，还包含服务和保障活动的采办。此外，我军和美军的武器装备采办在程序上存在一定的差别：美军最新版的 5000.02 文件将武器装备采办划分为方案分析、技术开发、工程与制造开发、生产与部署、使用与保障 5 个阶段[7]；我军武器装备采办可以划分为立项论证、方案论证、工程研制定型、生产和使用保障 5 个阶段[9]。国内偏重于美军的研究中多用国防采办，而偏重我军的研究中多用武器装备采办。本书中采用国内与国外相结合的研究方式，但是考虑到两个概念之间的差别较小，且本研究最终目的是为我军服务，因此只采用武器装备采办的概念。

1.2.4　武器装备采办绩效评估

绩效评估的对象通常是个人、团体或组织，武器装备采办（此处的武器装备采办不仅是管理过程，而是指武器装备采办系统）并不能归入以上 3 类，因此需要对绩效评估的概念进行扩展。武器装备采办并非单一组织通过单独力量实现，需要多组织协同努力，因此武器装备采办绩效不仅是针对单一组织的绩效，而是包含管理过程中所有组织以及组织之间互动的绩效。这一绩效对应着不同层次、不同阶段、不同组织机构的产出，复杂性要远高于针对个人、单一团体和组织的绩效评估。

因此，武器装备采办绩效评估的定义为：专门机构和人员在掌握武器装备采办相关信息的基础上，通过一定的方法、标准以及程序，对武器装备采办的成绩和效果进行衡量、评价，并得出可用结论的过程。

如图 1.1 所示，可以从因果链的角度进一步理解武器装备采办绩效评估的过程：一定的原因通过一定的因果作用机制导致了一定的武器装备采办绩效结果。绩效评估的过程就是从绩效结果表现中寻找绩效结果，进而发掘其中的因果作用机制，再利用因果作用机制和绩效结果反推绩效原因的过程。

2005 年，美国代理国防部长 Gordon England 主导开展了一个名为武器装备采办绩效评估项目，并成立了相关委员会，从需求、组织、法律基础、决策方法以及监管等方面，对武器装备采办绩效进行评估。从该委员会 2006

年的报告中可以发现，将武器装备采办绩效按照组织、工作人员、预算、需求、具体采办过程及产业界分别进行评估，所采用的评估方法包括文献审查、专家座谈、问卷调查以及网络调查等方法[10]。该评估主要运用定性的方法进行评估，侧重于找出问题之后的改进措施，对于评估的过程及方法的选用并非是项目重点，因此从绩效评估思路和方法来看，该评估存在一定的欠缺。

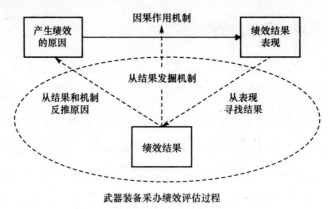

武器装备采办绩效评估过程

图 1.1 武器装备采办绩效评估的因果作用机制

评估指标体系的建立对于武器装备采办绩效评估来说至关重要，只要建立了科学的评估指标体系，运用恰当的绩效评估方法，就可以完成武器装备采办绩效评估工作。大多数情况下，人们将绩效理解为投入和产出之间的关系，因此直观上来看，采办项目的成本增长对于采办绩效评估有很大的影响。很多组织和个人都曾经对成本增长的问题进行过研究，美国弹道导弹防御组织（BMDO）、兰德公司（RAND）、美国海军航空系统司令部（NAVAIR）等[11]都曾采用不同的统计方法、选取不同的研究对象，研究过武器装备采办领域成本增长的问题。Joseph 等对 35 个重大国防采办项目的成本增长情况进行了分析，并且认为造成成本增长的主要原因在于决策[12]。但是 Cancian 的研究中指出，采办成本的增加并非都是有害的，不能简单地认为采办成本增加就意味着绩效差，或者仅从采办成本的增加对装备采办绩效进行衡量是不科学的，还需要对其他方面的因素进行衡量，这些因素包括进度、性能指标等。美军现在的武器装备采办绩效评估就是按照这一思路开展[13]。

美国国会通过的《2009年武器系统采办改革法》，要求国防部采办部门加强对武器装备采办绩效的内部评估。美国国防部2009年12月年成立了采办绩效与原因分析办公室（PARCA），其职能之一是评估美军国防采办系统的绩效，每年以报告形式提交给国防部[14]。

2013年6月，PARCA发布了首份武器装备采办绩效报告，报告主要对国防采办周期中的技术研发、工程和制造研发及生产部署三个阶段进行研究，评估的内容包括：①项目能否按照进度、成本和性能的要求完成；②相关的负责机构效率如何。报告通过对1992—2011年之间重大国防采办项目的研发和早期生产合同成本增长情况、各军种项目取消情况、各类项目违反《纳恩-麦克科迪法案》情况、主承包商成本和进度超支情况及各军种采办机构绩效进行分析，指出在成本上涨和采办周期延长时应该综合考虑由此带来的性能提升[15]。

2014年6月，PARCA发布了第二份武器装备采办绩效报告，与第一年的报告结构上大体相同，采用的思路和方法也没有太大区别，只是对新的统计数据进行了分析，是对第一份报告的更新。此外，报告还将激励机制作为新的研究重点，分析了激励机制对不同类型合同的影响[16]。

2015年9月，PARCA发布了第三份武器装备采办绩效报告，相比于往年报告，该报告除了对评估数据进行了更新，还增加了关于合同异常值评估、采办政策分析、合同复杂性和风险分析、承包商利润分析及采办人才队伍评估的内容[17]。

早在PARCA成立之前，政府问责办公室（GAO）就针对武器装备采办开展过绩效评估。为改善国防部武器装备采办成本超支和进度拖期的情况，2003年开始，GAO从成本、进度、技术成熟度、设计成熟度和生产成熟度等指标出发，对美军单一武器装备采办项目开展绩效评估，每年发布评估报告。截至 2015 年 3 月，GAO 已经发布了 13 份年度绩效评估报告，被评估项目的范围从重大武器装备采办项目扩展到典型非重大武器装备采办项目，其中项目数量也从最初的 26 个增加到最多时候接近 100 个[18]。

此外，民间智库机构也开展过武器装备采办绩效评估相关工作，其中具有代表性的是美国国际战略研究中心和兰德公司。美国国际战略研究中心的评估模式与 PARCA 类似，从成本增长、军种部、主承包商、竞争和合同 5 个指标出发，开展评估；兰德公司的评估主要注重项目的成本和进度的评估。智库机构根据客户需求开展绩效评估工作，但没有固定的评估周期。

国内武器装备采办绩效评估方面的研究主要集中在美军武器装备采办绩效评估做法和我军武器装备采办绩效评估探索性研究这两个部分，但是缺乏实例性研究，且国内关于武器装备采办绩效评估的研究文献较少。

1.3 研究理论和方法

1.3.1 主要研究理论

本书研究的理论基础主要包括：①情报研究理论，这是研究开展和本书撰写的指导理论；②绩效管理理论，这是研究的核心理论，也是研究美军武器装备采办绩效评估如何开展的基础；③统计学理论，这是研究武器装备采办绩效评估方法的基础；④信息管理理论，这是研究武器装备采办绩效评估过程中信息如何管理的基础；⑤管理控制理论，这是我军武器装备采办绩效评估思路构建过程中诸多控制环节设置的依据。

1. 情报研究理论

由于情报学学科设立时间较短，不同时期、关注不同对象的研究学者，通过实践建立了角度多样、出发点各异的情报学理论，因此学界目前对情报及情报研究尚未形成统一的认识和理论。本书不对这些理论的合理性进行讨论，但总结其中的共同点可以发现，不同的情报研究理论具有相似的过程，这些过程包含情报立意、情报搜集、情报分析、情报发现和情报应用。本书的整体思路按照情报研究的基本过程设立。

情报立意是指确定情报研究的对象和主题。本书第 1 章与这个过程对应，通过研究的意义和概念界定，明确情报研究的对象和主题，然后利用国内外研究现状的分析、总结，并结合相关的理论方法，建立开展研究的思路。

情报搜集是指针对研究的问题，获取充分可靠的信息，并对这些信息进行甄别、去伪存真的过程。这一过程主要体现在本书第 2 章到第 6 章，搜集的资料主要包含美军武器装备采办绩效评估如何开展及评估数据资料。

情报分析是指情报的预先分析。这一过程主要体现在本书的第 2 章到第 6 章。在资料搜集的基础上，运用情报学方法，对美军的做法进行归纳、总结，并且运用搜集到的评估数据资料，结合美军做法，通过案例对其做法进行还原验证。

情报发现是指得出新的认知、新的结论的过程。这一过程主要体现在本书的第 7 章，在分析美军武器装备采办绩效评估做法的基础上，得出美军做法的特点和不足的结论。

情报应用是指情报研究成果的升华转化的过程。这一过程主要体现在本书的第 8 章和第 9 章，在对美军武器装备采办绩效评估这一情报问题研究的基础上，得出对我军开展相关方面工作的启示建议。

2. 绩效管理理论

绩效管理理论形成于 20 世纪 70 年代，源于人力资源管理理论，目前已广泛应用于组织和政府管理等方面。绩效管理理论在发展的过程中，始终伴随着绩效评估对象和方法的变化。

绩效管理偏重于实际应用，因此研究学者对于绩效评估方法的关注度要远高于绩效评估的理论，大量的实证研究衍生出了绩效评估的许多方法。方法仅是理论的一个方面，具体的方法可以针对性地解决具体的问题，但是无法对所有的绩效评估进行描述。与此相对应，绩效管理理论处于众说纷纭的阶段，针对不同的问题存在不同的理论观点，缺乏统一的绩效管理范式，但综合研究绩效管理领域主流的理论，可以总结出绩效管理理论的如下特点：①绩效管理是管理绩效（包含个人绩效、团体绩效、组织绩效等）的系统，具有完整的管理过程；②绩效评估是绩效管理的重要组成部分，绩效管理不限于评估；③绩效管理的目的是信息沟通（评估者与被评估者之间就绩效目标和绩效信息的沟通）与绩效提高；④绩效管理的一般过程包含计划、组织、评估、反馈和改进。

运用绩效评估理论对武器装备采办绩效评估研究进行指导，可以保证本书研究角度和研究思路的科学性，有利于发现美军武器装备采办绩效评估中的规律。这是明确美军武器装备采办绩效评估做法和特点的前提，也是为我军武器装备采办绩效评估提出合理建议的基础。

3. 统计学理论

统计学是认识世界的重要工具，统计理论广泛应用于自然、社会、经济、管理及科技等众多领域，一般过程包含统计设计、统计调查、统计整理和统计分析 4 个阶段[19]。从统计应用来看，统计学理论可以分为两类：①描述性统计理论，是指利用一些量度（如百分数、均值、标准差及相关系数等）来表征数据整体的特性，通过这种理论可以将复杂的信息抽象、具体化，从而可以方便研究人员通过简单的一个或多个量度的研究来代替复杂问题某一方面特性的研究；②归纳性统计理论，是指通过已知的样本结果来归纳或推论总体的性质，其中概率论是归纳性统计理论的基础理论。

组织绩效评估大多以统计学理论和方法为基础。由于组织绩效评估的对象往往是复杂的多投入、多产出系统，评估人员希望通过大量信息和数据的搜集，对组织绩效进行全面、科学的评估，统计学的理论和方法是绩效评估人员的优先选择。评估人员通过定量化的评估，可以满足从大量数据中发掘绩效规律的需要，这是评估科学性和合理性的保障。

美军武器装备采办绩效评估以统计学为基础，评估过程中大量涉及描述性统计理论。当绩效评估对象只涉及单一因素时，量度的选择上采用了数组的位置量度——中位数及其他四分位数，用来表征数组中数据的集中趋势，并有效地规避极端值引起的误差。而在一些情况下，当被评估对象涉及到多个因素时，运用多元统计分析中的因子分析法，基本思路是将错综复杂的多因素（相互之间具有相关性）综合为数量较少的因素（相互之间不具有相关性），从而对绩效评估的过程进行简化。

以统计学理论为指导，可以在研究过程中根据已知信息实现对评估过程中统计方法运用的反推，从而更好地了解美军如何开展武器装备采办绩效评估，并以此为基础，结合搜集到的数据资料，通过案例分析实现对绩效评估中统计方法运用的正向推导验证。

4. 信息资源管理理论

信息资源管理理论是随着现代信息技术发展而催生出的一种全新的管理理论。狭义的信息资源管理对象仅包含信息本身，管理过程包含信息的搜集、整理、加工、存储、检索、传输和利用；广义的信息资源管理除了对信息本身的管理外，还包含对与信息内容相关的资源管理，如设备、设施、技术、投资、信息人员等。武器装备采办绩效评估过程主要涉及狭义的信息资源管理理论，突出对于信息本身的管理，主要的管理过程包含信息的搜集、整理、加工、存储及利用的过程。

信息搜集是信息从无到有的过程，是信息资源管理的最初阶段，也是最基本的过程。信息的搜集涉及到信息源和搜集方法，好的信息源和信息搜集方法是信息完整、全面、可靠的保证。武器装备采办绩效评估以绩效评估信息为基础开展评估，因此绩效评估信息的搜集是整个评估工作的初始和重要基础。

信息整理和加工主要是对信息进行一定的处理，以便于后续的管理工作。武器装备采办绩效评估的主要过程便是信息的整理和加工过程，首先将搜集到的绩效评估信息在格式和内涵上进行统一化，然后通过一定的评估方法将其转化为绩效评估的结果。绩效评估信息向绩效评估结果转化的过程中会造成大量的信息丢失，从信息管理的角度来讲，这种整理和加工的方式不能算好的方式，但这是为了满足绩效评估特定需要所采用的特定的整理和加工方式。

信息存储是信息资源管理中工作成果展现的重要环节，目的是方便信息用户利用信息。武器装备采办绩效评估过程中十分注重评估信息和评估结果的存储。通过建立数据库实现信息存储，有利于存储信息在一定范围内的共享和交流，能够促进武器装备采办绩效成果的最大化。

信息利用主要包含绩效评估结果的利用和绩效评估信息的利用。绩效评估结果的利用，与绩效评估的目的相对应，是绩效评估实现价值的主要体现。绩效评估信息的利用，并非绩效评估的目的，而是信息资源管理过程的产物。广义上讲，绩效评估信息的整理和加工也是绩效评估信息的利用，而通过一定的信息共享机制，可以一定程度扩大这部分信息利用的范围，为信息资源管理创造更大的价值。

5. 管理控制理论

管理的一般过程包含计划、组织、领导和控制。作为管理的一项主要职能，控制是根据事先规定的标准，监督检查各项活动，并根据偏差对行动或计划进行调整，使两者相吻合的过程[20]。根据控制时间的不同，控制可以分为事前控制、事中控制和事后控制。

从武器装备采办管理的角度来讲，武器装备采办绩效评估本身就是控制的一种手段，通过绩效评估发现武器装备采办过程中存在的问题，并对产生问题的原因进行分析，进而对武器装备采办进行调整，使其与预期更好地吻合。同时，作为单独的绩效管理过程，武器装备采办绩效评估也不能缺少控制的环节，需要设置一定的反馈机制，对武器装备采办绩效评估进行监督和调整，逐步突现采办目标。

1.3.2 研究方法

（1）文献研究法主要是指搜集、鉴别、整理、分析文献，并通过对文献的研究形成对事实的科学认识的方法。通过对国内外有关武器装备采办绩效评估的学术论文、研究报告以及政策法规等的检索和分析，对绩效评估的国内外研究现状进行研究，总结其中的研究方法和研究成果，为本书的研究工作提供背景和理论上的支撑；通过对美军武器装备采办绩效评估报告的研究，归纳其做法，分析其中的特点和不足，总结相关规律，为我军武器装备采办绩效评估思路的设计奠定基础。

（2）比较研究法是指对两个或两个以上的事物或对象加以对比，以找出它们之间的相似性与差异性的一种分析方法。比较研究美军不同的组织机构开展的武器装备采办绩效评估，对不同机构开展的绩效评估工作的特点进行总结，并分析其应用条件、应用范围以及优缺点；比较研究我国和美国重大武器装备采办的异同，并结合美军武器装备采办绩效评估的主要做法和优缺点，提出适用于我军的武器装备采办绩效评估思路及推动措施。

（3）模糊综合评价法是一种基于模糊数学的综合评标方法，该方法根据模糊数学的隶属度理论把定性评价转化为定量评价，即用模糊数学对受到多种因素制约的事物或对象做出一个总体的评价。本书运用模糊综合评价法对我军开展武器装备采办绩效评估的可行性进行分析，通过建立相应的指标体系，将武器装备采办绩效评估实现的难易程度进行分解，分别对每个指标实现的难易程度进行模糊评价，并且结合指标的权重，定量计算得到武器装备采办绩效评估在不同实现难易程度上的得分结果，进而判断其实现的难易程度。

（4）层次分析法是将决策问题按总目标、各层子目标、评价准则直至具体的备择方案的顺序分解为不同的层次结构，然后利用求解判断矩阵特征向量的办法，求得每一层次的各元素对上一层次某元素的优先权重，最后用加权和的方法递阶归并各备择方案对总目标的最终权重，此最终权重最大者即为最优方案。本书并不使用完整的层次分析法，只运用层次分析法对模糊综合评价法中的指标权重进行确定。

（5）专家调查法是以专家作为索取信息的对象，依靠专家的知识和经验，由专家通过调查研究对问题做出判断、评估和预测的一种方法。专家调查法是模糊综合评价法和层次分析法的基础，分别用以确定模糊综合评价法中的指标模糊评价结果和层次分析法中的判断矩阵。

（6）统计分析法。本书通过统计分析方法对美军武器装备采办绩效评估的案例进行分析，利用统计分析结果，确定绩效评估指标的绩效水平以及绩效趋势。

2 美军武器装备采办绩效评估的基本情况

美军武器装备采办绩效评估是一项涉及多组织、多层次、长时间的复杂工作。"专门机构和人员"、"采办的成绩与效果"、"信息"、"方法"、"程序"及"可用结论"是构成武器装备采办绩效评估不可缺少的要素，对这些要素进行归纳，就可得到评估机构、评估对象、评估手段方法和评估结果运用等4个要素，将这4个要素研究清楚，就可以对武器装备采办绩效评估有清晰、全面的认识。由于美军不同机构开展的武器装备采办绩效评估在评估机构、评估对象和评估结果运用这3个方面具有较高相似性，因此本章首先从这3个要素出发进行介绍。评估手段方法这一要素，则根据不同的机构，分别在第3章、第4章和第5章进行介绍。

2.1 评估机构类型

美军武器装备采办绩效评估实施架构包含决策层和执行层两个层次，如图2.1所示。决策层的机构主要包括国会，负责采办、技术与后勤的副国防部长办公室（USD（AT&L）），以及军种部。这一层级的机构主要美军武器装备采办绩效评估的领导、主导或委托单位，通过相关的政策、法规或约定，规划、指导和监督评估工作的进行，评估结果也向这一层级反馈。例如USD（AT&L）是国防部武器装备采办绩效评估的行政管理机构，与国会同为美军武器装备采办绩效评估的业务领导机构，评估工作的成果需要上报这两个机构。执行层主要是政府问责办公室（Government Accountability Office，GAO）、采办绩效与原因分析办公室（Office of Performance

Assessments and Root Cause Analyses，PARCA）以及兰德公司（RAND）和国际战略研究中心（Center for Strategic and International Studies，CSIS），负责数据搜集、开展评估、得出评估结论、撰写评估报告及评估知识积累等具体工作。

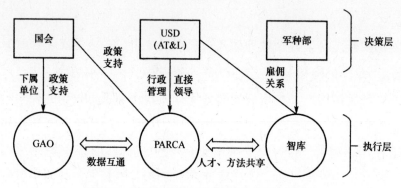

图 2.1　美军武器装备采办绩效评估实施架构

由于执行层机构从属于不同的组织，且评估背景存在差别，因此执行层机构开展评估工作立场、定位及结果效用并不相同：GAO 侧重于问责，着眼于单一项目，评估结果的执行力最强；PARCA 立足国防部内部，旨在通过绩效评估工作为国防部采办机构更优化的决策及采办改革服务；智库与 GAO 同属于国防部外部评估机构，与 GAO 和 PARCA 的区别在于其被动式开展评估，并根据客户的需求，提供相应的决策咨询服务。

2.1.1　侧重于问责的 GAO 评估

GAO 是美国国会的下属机构，负责调查、监督联邦政府的规划和支出，拥有对接受联邦政府资金资助的项目和机构问责的职权，这是 GAO 评估的出发点。

1. 旨在督促国防部提升采办经费利用效率的 GAO 评估背景

20 世纪 80 年代末期，GAO 在审查过程中意识到一些领域在资金使用上存在风险，但是并未得到有效整改。1990 年，GAO 向国会提交了一份高风险领域名单，将名单中的领域作为 GAO 重点关注和开展工作的对象，希望借此改善以往对高风险领域关注不足的情况。

重大武器装备采办项目（MDAP）是指由国防采办执行官指定或经费估算达到相应法定成本限额的项目[21]。1990 年前后，MDAP 经费估算已经超过了 9000 亿美元，并且在经费上涨的同时，进度和性能都无法达到预期，因此 MDAP 进入了 GAO 高风险领域名单[22]。此后 GAO 开展了多项工作对 MDAP 进行监督，其中包含对单一 MDAP 绩效进行评估和最佳实践的探讨；同时国防部方面也采取了多项措施，施行了一系列与武器装备采办相关的改革，致力于改善 MDAP "拖、降、涨"的问题。但是从 2015 年发布的 GAO 高风险领域更新报告来看，MDAP 依旧未能移出该名单[23]。

2003 年，美国国防部投入到武器装备研制、开发和采购的费用达到了 1270 亿美元，据当时经费估算，这一数据在 2009 年会达到 1820 亿美元，增幅达到 43%。为了改善这种情况，国防部高层计划采用一种按照时间段划分需求的采办方法（螺旋式开发方法），来控制项目经费的增长。与此同时，GAO 根据多年武器装备采办最佳实践的探索，决定对 MDAP 进行绩效评估，希望通过针对具体项目的绩效评估反映出国防部在采办经费控制上的工作成效，督促国防部控制采办经费的上涨。

2003 年开始，GAO 依据费用、进度和最佳实践标准，对国防部武器装备采办项目进行绩效评估，每年三月份向国会提交绩效评估报告。截至 2015 年 3 月，GAO 已经发布了 13 份年度评估报告，被评估项目的范围从 MDAP 扩展到典型非重大武器装备采办项目，被评估项目数量也从最初的 26 个增加到最多时候接近 100 个，评估方法和报告形式也发生了一定的变化。

2. 矩阵式的 GAO 评估组织架构

总审计长是 GAO 最高领导人。为保障 GAO 工作的独立性和连续性，GAO 总审计长任期为 15 年，长于总统任期；任免制度也较为独立，自 GAO 成立至今，只上任过 9 位总审计长，并且无一人被弹劾。GAO 总审计长之下，设有总顾问、首席执行官、首席行政官和总监察长，其中主要的问责工作由首席执行官领导，分为 14 个具体的业务团队，如图 2.2 所示。GAO有超过 3250 名工作人员，其中超过 15%的雇员为会计和审计专业人员，其他类型的工作人员还包括经济学家、社会学家、公共政策分析师、律师和计算机专家等。

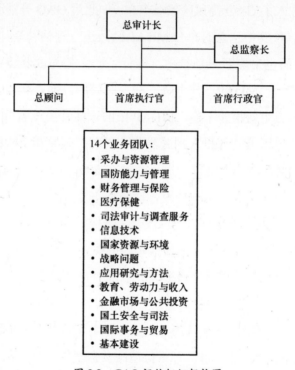

图 2.2　GAO 评估组织架构图

业务团队在各自负责领域搜集数据、分析，完成报告之后提交给首席执行官，同时以备忘录的形式抄送至被评估部门或组织，听取其意见之后上交国会众议院[24]。每个业务团队开展工作时并非单独行动，例如：总顾问办公室会为业务团队提供法务保障；应用研究与方法团队在经济、研究规划以及统计分析方面为其他团队提供专家支持；战略规划和对外联络、机遇与包容及首席行政官办公室为业务团队提供人力、资源等支持。这种矩阵式的组织架构增加了 GAO 业务团队在人力和资源运用过程中的有效性、灵活性，提升了业务团队在处理复杂工作时的效率[25]。

2.1.2　侧重于国防部内部评估的 PARCA 评估

PARCA 成立于 2009 年，是美国防部在全球金融危机、美国国防预算逐年削减、强化重大装备采办精细化管理的大背景下设立的一个用以"自查自检"的机构，其目的是通过对武器装备采办绩效进行评估，发现采办过程中导致绩效不佳的因素，从而针对性地采取相关措施，提升武器装备采办效益。该机构直到 2013 年才发布其第一份关于武器装备采办的绩效评估报告，是本书中介绍的开展武器装备采办绩效评估的机构中成立时间最晚的，但由于它是隶属于国防部的武器装备采办绩效评估专职机构，使 PARCA 开展绩效评估时能够更加便利、真实地获取到第一手资料，其评估结论也能更加贴近于国防部的武器装备采办实践，具有较高研究价值。

1. 为响应美军采办改革而开展的 PARCA 评估

2008 年 3 月，GAO 发布了 2007 年美军武器装备采办项目评估报告，报告中指出，2007 年武器装备采办项目的费用上涨和进度拖期情况并没有得到改善，其中费用相比于原始估算增长了 26%，平均进度拖延达到了 21 个月[26]。国防部在武器装备采办项目上的费用严重超支，加上 2009 年前后全球金融危机和美国国防预算的削减，奥巴马总统在 2009 年 5 月份签署了新的改革法案——《2009 年武器装备采办改革法》，要求国防采办部门加强对其采办绩效的内部评估[21]，成立负责武器装备采办绩效评估和原因分析的办公室，并且指定国防部内高级官员为该办公室领导，办公室职责包括定期发布采办绩效评估报告、完成重大国防采办项目原因分析、发布指导武器装备采办绩效评估指南、评估绩效评估指标效用及就绩效问题向采办官员提出建议。

为落实《2009 年武器装备采办改革法》，2009 年 12 月，美国防部成立了 PARCA，该办公室设立在负责采办、技术与后勤的副国防部长办公室下，是美国国防部内部实施武器装备采办绩效评估的专职机构。其后，美国国防部通过修订《国防采办指南》、《国防部 5000.02 指示》以及颁布相关备忘录等，进一步明确了 PARCA 具体工作，并树立其在采办绩效评估工作中的权威地位。目前，PARCA 主要职能包括：负责对重大装备采办项目采办过程中的"拖、降、涨"问题进行独立评估与监督管理，并对重大装备采办项目采办所存在的问题进行深入分析，提出改进意见和建议；每年向国会提交年度评估报告，汇报国防部重大装备采办项目的绩效以及存在问题，侧重于对重大装备采办项目预算、进度、经费、综合绩效等方面，为国会和国防部制定重大装备采办项目决策，维护国防部和军队的利益，提供支撑。

PARCA 从 2013 年开始每年向国会递交绩效评估报告，截至目前，共发布了 3 份绩效评估报告（2013、2014 和 2015 年评估报告）。

2. 小核心、大协作的 PARCA 组织架构

PARCA 下设有绩效评估办公室、挣值管理办公室、原因分析办公室及采办政策分析中心，如图 2.3 所示。PARCA 设有 1 名主任，由负责采办技术与后勤的副国防部长办公室指定的高级官员担任。《2009 年武器装备采办改革法》规定，PARCA 主任在督促 PARCA 完成既定任务的基础上，还需要在职权范围内评价 PARCA 工作开展的有效性，并且就处于进入全速生产等关键时间节点的具体项目的绩效问题，向采办官员提出建议。

PARCA 主任之下设有 4 名副主任，其中一名副主任负责 PARCA 的整体运营，其他三名副主任分别主管绩效评估办公室、挣值管理办公室和采办政策分析中心，而原因分析办公室由一名高级顾问主管。绩效评估办公室主要负责对重大采办项目实施评估，该办公室是制定《国防采办执行情况概要（DAE）》的主要参与者，对重大采办项目的投资策略、优先次序、全速生产决策等都具有重要影响，同时为采办各部门实施绩效评估制定指南，并监督和检查评估实施的相关情况。原因分析办公室主要负责对重大

采办项目违反《纳恩-麦克科迪（Nunn-McCurdy）法》的情况进行原因查找与分析，如成本严重超支、进度严重拖延等，还可接受国会的委托，为其提供重大项目评估的成本、进度等数据及相关管理情况。挣值管理（EVM）办公室主要负责监督和管理整个国防部的收益值管理绩效及实施过程，如国防部挣值管理政策制定、挣值管理中央存储库管理、挣值管理一体化产品小组及相关单位协作、挣值管理数据需求审核和批准、挣值管理职能管理等，督促各挣值管理团体提高管理水平和成本效益。采办政策分析中心是负责采办、技术与后勤的副国防部长和负责采办的助理国防部长制定采办政策的重要支撑机构，该中心在采办绩效评估的基础上，围绕提升采办系统绩效开展研究和建议等工作，帮助改进采办投资、战略及相关政策[21]。

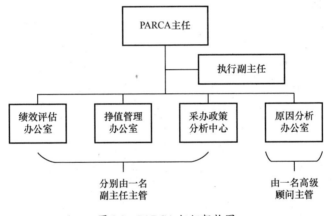

图 2.3　PARCA 组织架构图

PARCA 仅有全职工作人员 32 名，其中 8 名是政府工作人员，其余大多数是来自于政府资助的研发中心的研究人员和系统工程人员。为完成复杂的武器装备采办绩效评估，PARCA 会吸收法律、财会、审计以及计算机等行业的专业人员参与，并且雇佣一定比例的合同制员工。PARCA 这种以专门评估人员为核心、吸收评估协作人员参与工作的组织体系，可以最大限度地简化 PARCA 的人员架构，在保证核心职能的基础上，提升机构有效性[27]。

2.1.3　接受委托被动式开展的智库评估

很多智库设有针对武器装备采办的研究机构或团队，如兰德公司（RAND）的国防研究所及负责美国空军项目评估的部门、美国国际战略研究中心（CSIS）的国防工业举措组、国防分析研究所（IDA）等。这些智库研究机构或团队在受到委托的情况下，或独立，或与国会、国防部以及军种相关部门合作，开展与武器装备采办绩效评估相关的工作。

智库开展武器装备采办绩效评估出发点是用户的需求，历史时期和用户的差异决定了每次评估都具有不同的背景和定位。智库与PARCA、GAO最大的不同之处在于其被动式地开展评估，可以根据实际需求，设立角度多样、独立性强的绩效评估课题。因此，智库开展的武器装备采办绩效评估具有机制灵活的特点，有利于评估方法和结论的创新，但同时也导致了智库武器装备采办绩效评估连续性不强，需要解决知识积累和避免重复工作的挑战。

智库武器装备采办绩效评估组织架构有很强的所属智库印记。智库评估通常由相关的业务部门或者项目团队来完成，如兰德公司的国防研究所及空军项目团队、国际战略研究中心的国防工业举措组。

1. 兰德公司的评估组织架构

兰德公司成立初期，主要为空军服务，业务主要是武器装备的改进和战略管理问题研究。兰德公司的创建和成长与军方的支持密不可分，随着公司的发展，其服务对象与业务领域不断扩大，目前兰德公司为整个美国联邦政府甚至是世界其他政府部门和企业提供各种信息咨询和项目预测。兰德公司在开展绩效评估工作的过程中坚持多学科交叉研究的路线，几乎所有的项目都是由不同学科、不同专长的学者采用各种集体研究的方法来完成的。

兰德公司的最高决策机构是"托管理事会"，近年来理事会由 26 名成员组成，这些成员主要是大公司、大财团、高等院校、研究机构、法律事务所的经理、董事、学者、律师等。理事会下属机构可以根据职能不同，分为行政部门和学术研究部门。行政部门主要负责公司的日常管理、人员培训及对研究部门提供支持，工作人员一般具备出色的管理才能和学术研究能力，并且精通多个领域的工作。兰德下设的行政部门包括秘书办公室、总财务办公室、对外事务办公室、职员发展与管理办公室、发展办公室、服务办公室等。研究部门主要包括负责国内外社会与经济问题的部门、由联邦资金资助的研究中心、兰德企业分析部，每个研究部门下还设有更细的研究分部。其中，开展武器装备采办绩效评估的国防研究所和空军项目团队都属于由联邦资金资助的研究中心。

兰德公司研究工作的开展主要依托研究部门和研究分部的结构，但是研究人员并不由这些研究部门直接管理。兰德公司在职员发展与管理办公室下设有研究人员管理处，根据研究人员的学科背景按照不同的学部将其分别管理，目前设有行为与社会科学部、经济学与统计学部、国际与安全政策部、管理学部、政策科学部和技术与应用科学部 6 个学部。这种研究部门和学部分设的组织结构，构成了兰德公司研究工作矩阵式管理的基础，其中：学部具体负责人员的招聘、考核、工资等日常管理事务；研究部门负责组织研究课题、项目的开展，项目主任可以根据课题、项目需要，从不同的学部选择合适的负责人组成课题、项目小组，开展具体的研究工作。矩阵式的研究管理模式，有利于研究人员的培养和学科建设，同时也利于集中优势人才完成研究任务，保证了兰德公司研究工作多学科交融的综合性特点。

为了保证研究的准确性以及价值的长期性，兰德公司建立了一套完整的审查机制。这在兰德公司开展的武器装备采办绩效评估工作中也有体现，评估组织架构（图 2.4）中设有专门监督机构，注重工作的监督审查[28]。兰德公司的国防研究所包含采办和技术政策中心、军队和资源政策中心、国土安全和防御中心、情报政策中心、国际安全和防御政策中心以及咨询委员会，其中咨询委员会由 11 人组成，是国防研究所的监督委员会。空军项目团队中设有 1 名主任和 4 名分管不同业务的副主任，下设战略与理论、空军现代化、资源管理以及人力资源与培训 4 个项目组，同时还设有由 15 人组成的督导小组，负责空军项目团队工作的监督指导。

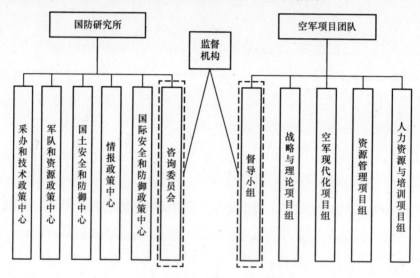

图 2.4 兰德公司评估组织架构

2. 国际战略研究中心的评估组织架构

国际战略研究中心（CSIS）是一家具有保守色彩的重要战略和政策研究机构，素有"强硬路线者之家"和"冷战思想库"之称。作为美国重要的政策研究智库，CSIS 由前海军作战部长伯克上将、乔治城大学牧师霍里根和保守派学者阿布希尔于"冷战"达到高潮的 1962 年共同创建，特点是非盈利、非党派、非官方。伯克等人的初衷简单而迫切，就是美国能够在"冷战"中生存下去，人民能够享受繁荣的生活。自 1987 年 7 月 1 日起，CSIS 与乔治城大学之间脱离隶属关系。CSIS 自身的定位是通过提出具有洞察力的战略和政策解决方案，为政府、国际机构、私营部门及民间社会提供决策参考。多年来，CSIS 以发挥政策影响力为宗旨，以战略问题为研究重点，致力于为世界各国领袖提供战略观察、因应各国及全球问题的政策方案。CSIS 研究重点有三个领域，即：全方位跟踪美国国内外安全面临的新挑战，持续关注世界主要地区状况，不断挖掘全球化时代的新型管理方法。

理事会是 CSIS 的最高决策机构，由主席和执行委员会主席领导，下设执行委员会。执行委员会由名誉委员和常任委员组成。此外，理事会还聘请著名政治人物为其政策顾问和高级顾问，为 CSIS 研究工作出谋划策。CSIS 的具体运作和管理工作由总裁和首席执行官以及分管各项工作（如财务、开发事务、内部事务等）的副总裁或总裁顾问来完成。中层领导由各项目负责人按管理委员会、国际安全委员会和地区委员会划分为三个部分，这些领导直接负责各研究项目的日常运作。

CSIS 工作人员有 4 个类别：领导官员、专家学者、助理人员以及兼职顾问专家。截至 2015 年底，中心共有领导官员 14 名、专家学者 150 名左右、助理工作人员 124 名，兼职专家顾问人数超过了 250 名。组织架构按照研究领域和研究项目进行构建，共分为 3 个研究领域，包含 24 个研究项目，负责武器装备采办绩效评估的国防工业举措组是 24 个研究项目团队之一。

CSIS 项目小组工作开展的过程中，参与工作的专家学者具有很强的灵活性。如国防工业举措组在开展武器装备采办绩效评估的过程中，除了本组的成员参与，还会邀请中心其他团队以及兼职顾问专家负责数据分析和报告撰写工作。灵活的组织架构，不仅提升了 CSIS 业务团队工作效率，也增加了工作成果的权威性[29]。

2.2　评估对象范围

武器装备采办是一个涉及多领域、多要素、多流程的复杂过程。从程序上看，武器装备采办包括装备方案分析、技术开发、工程与制造开发、生产与部署、使用与保障等 5 个阶段；从参与主体来看，武器装备采办包括国会、国防部、政府部门、研究机构、承包企业等；从管理职能看，武器装备采办包括需求制定、资源分配管理、项目管理、合同管理、监督审计、人力资源管理等。理论上讲，上述要素都可以成为武器装备采办绩效评估的评估对象，但是受限于获取到的评估基础信息等因素，美军并没有对采办过程中涉及到的所有要素进行评估，而是从武器装备采办不同的阶段、层次以及类别出发，对绩效评估对象进行了划分。

2.2.1　分层次的评估对象

美军武器装备采办绩效评估以项目和合同为基础开展评估，项目和合同执行情况是其最直接评估对象，因此可以分为项目层次和合同层次的评估对象；同时，评估过程中又会根据单一项目和项目总体为对象开展评估，据此评估对象又可以根据宏观层次和微观层次进行区分。

2014 年，国防部用于武器装备采办的资金达到了 1600 多亿美元，其中用于 MDAP 的经费超过了 40%。由于 MDAP 在国防采办中的巨大占比，美军武器装备采办绩效评估中的项目评估主要针对 MDAP，属于 I 类采办项目[30]。对单一项目进行评估，是指依据该项目的费用、进度以及最佳实践标准，反映项目本身以及项目办公室的绩效，并根据评估结果得出提高项目绩效的建议，该建议主要针对项目办公室层次。对项目总体绩效进行评估，是指根据项目整体费用、进度呈现出的统计显著性，对当前项目总体的成本增长和进度拖延情况进行评估，并预测其未来走势。

武器装备采办合同是军方与承包商之间确定武器装备采办过程中权利和义务所达成的具有法律效益的约定。从涉及要素的复杂程度来说，合同要比项目简单。对武器装备采办合同进行评估，除了能够反映合同本身绩效以及不同种类合同的绩效差异，还能够反映出合同双方的绩效。美军武器装备采办绩效评估中涉及的合同评估对象，多数为 MDAP 合同。

2.2.2　分阶段的评估对象

美军武器装备采办采用全寿命管理、分阶段决策的模式，2015 年发布的 5000.02 文件中按照所采办的武器装备种类、性质的不同，将武器装备采办全寿命周期分为 6 种不同的程序，一般包括方案分析、技术开发、工程与制造开发、生产与部署、使用与保障等 5 个阶段[31]。其中，技术开发、工程与制造开发、生产与部署 3 个阶段占用了国防部用于武器装备采办经费的很大一部分，并且也是最容易发生经费上涨的阶段。同时，技术开发、工程与制造开发、生产与部署 3 个阶段，从里程碑 A 节点审查开始，到里程碑 C 节点审查结束，是武器装备采办技术风险降低、系统集成和初始作战能力实现的关键环节，覆盖了武器装备从技术概念向作战性能转化的整个过程。兰德公司研究报告通过对 20 世纪 60 年代以来的采办文件的分析指出，导致武器装备采办进度拖延的原因有技术风险难以管理、对性能指标错误预估及资金稳定性[32]。从前两点原因可以看出，这 3 个阶段是武器装备采办进度拖延的重灾区；而且，武器装备采办绩效评估以项目和合同的成本、进度等数据为评估基础，从目前获取数据的角度来看，这 3 个阶段的相关数据最为全面和有效。因此，美军武器装备采办绩效评估关注技术开发、工程与制造开发、生产与部署等 3 个阶段，但在具体评估工作开展的过程中，只区分开发阶段和生产阶段。

2.2.3　分类别的评估对象

国防部通过武器装备采办系统为其客户提供有效、经济、及时的装备和服务。开展工作的过程中，相关的政策体制、采办机构、采办工作人员等类别的要素，贯穿整个武器装备采办过程始终，影响整个采办过程，因此美军评估中也将 3 种类别的要素作为评估对象。

政策体制的评估主要涉及激励机制、采办改革、国家财政情况等。其中：激励机制评估主要对国防部竞争激励和利润激励取得的成效进行评估；采办改革的评估主要涉及国防系统采办审查委员会（DSARC）（1970—1982）、后弗朗克·卡卢奇（Carlucci）时期（1987—1989）、国防采办委员会（DAB）（1990—1993）、采办改革时期（1994—2000）及后采办改革时期（2001—2007）5种体制下的绩效；国家财政情况评估主要涉及在国家财政紧缩和宽松的条件下，不同时期武器装备采办的绩效情况。

采办机构的评估主要涉及军种和承包商。军种评估对象对军种项目和合同的执行情况进行评估，主要通过军种项目的《纳恩-麦克科迪法案》突破情况和合同的费用和进度增长情况进行反映。承包商类别的评估对象包含对于不同承包商和商品类别的绩效评估，并选取拥有采办合同数量较多的承包商，如洛克希德·马丁公司、波音公司、诺斯洛普·格鲁门公司、通用动力公司、雷声公司等，利用它们近期已完成的 MDAP 合同的执行情况，对其进行绩效评估；以商品类别区分的评估对象，并根据不同商品类别的项目和合同执行情况来开展绩效评估。

采办工作人员的评估主要涉及国防采办执行官、军种采办执行官和采办人才队伍。国防部类别的评估对象主要包括国防采办执行官和国防部举措。国防采办执行官是负责采办、技术与后勤的国防部副部长，其担任或授权部门采办执行官担任 MDAP 的里程碑决策当局，负责决定项目是否通过里程碑节点审查或是否中止，在 MDAP 的管理中处于核心地位，武器装备采办绩效评估中根据不同国防采办执行官任期内的项目成本上涨和进度拖延情况，对其进行评价。军种类别的评估对象主要包括军种的采办执行官、项目和合同执行情况，各军种采办执行官由各军种负责采办、技术与后勤的助理部长兼任，评估过程中根据不同采办执行官任期内的合同执行情况，对其进行评价。针对采办人才队伍的评估由于数据的缺乏尚未开展，但是评估工作已经将这一方面的评估作为未来评估的重点发展方向。

2.3　评估结果运用

评估结果的运用是评估价值实现的重要环节，也是评估工作的最后一个流程。

2.3.1　评估结果类型

不同类型的评估结果由不同的评估目的及对象决定。对项目或合同的特征表现进行评估，得到描述性评估结果；从根本原因的角度出发进行评估，则得到结论性评估结果。这两种类型的绩效评估结果，又可以根据评估对象的差异以总体和个体进行区分。

描述性评估结果是指采办过程中的成本、进度、技术性能等特征的绩效水平及其发展趋势，通过这种评估结果，可以对采办的总体运行情况或某项目的绩效情况有一个直观的了解，但是这种了解集中在表象，适合用来对采办总体或项目等未来趋势及风险进行预测，但想要通过描述性评估结果提升采办绩效存在很大的难度。结论性评估结果是指对影响采办的因素进行评估得出的结果，这些评估结果可以具体得出采办总体或者项目在哪些方面存在欠缺、哪些方面做得足够好，这种结果侧重绩效情况的本质，借此可以对采办的整体运行或某项目的执行有深入的了解，提出提升绩效的方法。

总体评估结果是从宏观角度出发，面向项目或合同总体，主要针对上层决策机构；个体绩效评估结果是从微观出发，关注单一项目和合同的绩效情况，主要针对采办具体执行层次。

美军武器装备采办绩效评估的评估结果类型具有 4 种不同的形式：总体描述性评估结果、个体描述性评估结果、总体结论性评估结果以及个体结论性评估结果。不同类型的评估结果运用方式也不同，具体表现为：总体描述性评估结果对采办过程中某方面特征的绩效进行描述，可以借此了解采办中宏观方面存在的问题及问题的未来走势，有利于总体绩效问题的明确和规避；总体结论性评估结果通过原因的分析，可以了解产生宏观绩效不佳的根源，促使政策或宏观做法上的调整；个体描述性评估结果可以了解采办微观方面存在问题及问题的未来走势，有利于个体绩效问题的明确和规避；个体结论性评估结果可用于发掘采办微观过程中绩效不佳的根源，促使微观做法上的改进。实际的运用过程中，总体评估结果和个体评估结果的运用之间界限较为明显，而描述性和结论性评估结果的运用之间界限较为模糊，因为特征大多数时候仅为表象。为更好地解决绩效问题，绩效评估人员往往需要通过表象进行根本原因的发掘，因此大多数描述性和结论性评估结果都是同时出现、互为印证的。

2.3.2 评估结果运用示例

对美军武器装备采办绩效评估中部分结果进行总结，并且结合上述的分类标准，可以得到表 2.1 所列的表格，其中个体绩效评估结果由于包含较多个体，选取美军 ARH 武器侦察直升机项目为例进行说明。

表 2.1 评估结果运用示例

结果类型	具体结果
总体描述性	• 90%以上项目在开发阶段存在成本超支情况，其中 1994—1998 和 2002—2006 两个阶段尤为严重； • 生产阶段成本超支项目数量在 2005 年后急剧下降； • 多军种联合类项目《纳恩-麦克科迪法案》突破最为严重，其次为陆军项目，并且陆军项目取消比例远高于其他军种； • 直升机和化学武器削减项目发生《纳恩-麦克科迪法案》突破比例最高； • 承包商方面，波音公司和洛克希德·马丁公司（简称洛·马）成本增长最为严重，波音公司的进度增长情况最为严重； • 小企业参与度提升，竞争比例增加； • 财政预算紧缩时，项目成本增长情况比财政预算宽松时严重

（续）

结果类型	具体结果
总体结论性	• 固定价格合同并非真正优于成本补偿合同，需根据项目实际情况选择激励手段； • 成本加奖励费用合同和总价加奖励费用合同有较好的激励作用； • 竞争仍然是最有效的激励方式； • 较高的产品利润和较大的竞争压力有利于缩短开发周期； • 美军新系统研发比例下降，导致合同复杂性和风险降低； • 采办过程中应当注重最佳实践的运用
个体描述性	• 截止 2008 年初，ARH 项目在成本增长上面临较大问题，相比较于项目开发开始，研制开发成本增长 93.4%、采购成本增长 64.8%、项目单位成本增长 20.8%； • 截止 2008 年初，ARH 项目采办时间拖延 53.2%； • 2008 年初，虽然 ARH 项目已经通过设计审查，但是技术成熟度和设计成熟度都远没有达到最佳实践标准
个体结论性	• ARH 项目具有两项关键性技术，其中传感器技术由于要兼顾海军和海军陆战队作战，技术难度较大，因此未能达到成熟度要求； • 由于技术成熟度和设计成熟度未能达到最佳实践标准，因此 ARH 项目在后续采办中会面临较大的风险

（1）总体描述性评估结果运用，以"财政预算紧缩时，项目成本增长情况比财政预算宽松时严重"为例进行说明。由于财政预算紧缩时，承包商方面为了赢得更大的利益，会在招标阶段采用风险更大的方案以赢得有限的承包机会；而军方的项目负责人员也迫于预算的压力，会在成本估算的阶段采取偏低的估算方式。这两点原因是导致之后项目成本大幅增长的两点隐患。根据这一结果，PARCA 对财政预算紧缩时期的武器装备采办提出以下 3 点建议：武器装备采办负责人员需要更加注重项目成本的控制；应该更加谨慎地制定项目的成本基线；应当一定程度上减少新系统或新技术的投资。

（2）总体结论性评估结果的运用，在更佳购买力（Better Buying Power，BBP）3.0 中体现得较为明显。美国防部从 2010 年开始推行 BBP 计划，目的在于提高国防开支的使用效率。2014 年 9 月，BBP 计划进入了第三阶段，称为 BBP3.0，其中针对武器装备采办提出了 8 大点、33 小点的要求，虽然表 2.1 中仅列出了部分武器装备采办绩效评估的结果，但是依旧可以从中发现绩效评估对于 BBP3.0 的支持。例如 BBP3.0 要求采办中应当选择合适的合同类型，创造和维持竞争环境，以及向工业界提供清晰明确的最佳值目标等，都可以在绩效评估的总体结论性评估结果中得到印证。

关于 ARH 武装侦察直升机项目的绩效评估，为 GAO 针对 ARH 项目的问责及后续改进提供了依据。由于一些武器装备采办项目的失败，GAO 在 2009 年对这些项目的替代分析进行了研究，其中包含 ARH 项目。报告指出，ARH 项目在设立初期是为了替代"基奥瓦勇士"的科曼奇直升机，但是替代分析的过程中没有充分考虑其他解决方案，致使项目开始后短期内成本和进度增长严重，存在继续恶化的风险。同时，结合海军分析中心的报告，ARH 项目操作的过程中也存在诸多问题，这些原因导致 ARH 项目最终被取消[33]。报告提到的其他替代方案包含发展无人机系统、升级现有侦察机或者采用混合方案，从美军后续做法来看，GAO 的替代分析报告对武装侦察直升机的发展产生了较大的影响：由于 ARH 项目的取消，美军开始着手 OH-58D 直升机的升级改造，并且开始大力发展用于侦察的无人机项目[34]。

3 注重单一项目评估的 GAO 武器装备采办绩效评估

GAO 武器装备采办绩效评估旨在为更好地问责服务，评估工作针对具体的"点"，主要体现在对单一项目和具体时间点开展绩效评估。GAO 武器装备采办绩效评估指标设置、数据搜集和方法选用都是围绕这一目的，其中指标设置以单一项目的成本、进度和性能为一级指标，通过这些指标可以了解项目目前及未来绩效情况。GAO 武器装备采办绩效评估可以通过可获取到的报告和数据库搜集评估数据，同时利用访谈、问卷调查等方式从项目办公室获取项目一手资料。GAO 武器装备采办绩效评估方法逻辑较为简单，支撑绩效评估的数据信息从数据本身就可以直接获取，仅对数据进行简单的比较，并不进行深度加工。相比较而言，GAO 武器装备采办绩效评估的工作重点在于数据的搜集获取。

3.1 项目成本、进度和性能水平并重的评估指标

GAO 武器装备采办绩效评估指标可以分为项目成本指标、进度指标和性能指标，如图 3.1 所示。其中，项目性能指标是 GAO 用以评估最佳实践的实现程度的指标。三者都可以对项目以往绩效进行评估，但性能指标和成本指标、进度指标有着本质上的区别。性能指标通过项目当前风险情况的分析，在评估绩效的同时，能够对项目未来发展及未来绩效水平做出评判和预估。

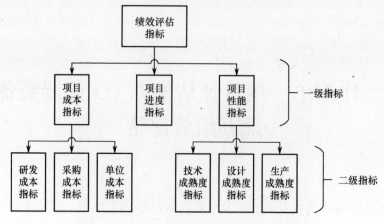

图 3.1　GAO 武器装备采办绩效评估指标体系

（1）项目成本指标包括项目研发成本、采购成本和单位成本 3 个子指标。

（2）项目进度指标不包含子指标，该指标基于项目采办周期，以项目开始或里程碑 A 节点审查结束与获得初始作战能力或与此相对应的部署时间点之间的月数来进行衡量。

（3）项目性能指标包括技术成熟度、设计成熟度和生产成熟度 3 个子指标，分别反映武器装备采办周期中技术开发、系统设计和生产部署阶段的风险水平。GAO 认为：一个项目达到预期的性能水平，则项目的风险相对较低，这种情况下绩效水平较高，项目未来进展会比较顺利；反之，项目很大可能处于风险增大的情况中，相应的绩效水平较低，项目后续工作可能由于各种原因受阻，出现成本增加、进度拖延的情况。

3.2　评估数据

3.2.1　来自选定采办项目报告的项目成本和进度数据

GAO 对武器装备采办绩效进行评估，其中项目成本、进度评估数据主要来自选定采办项目报告（SAR）。每财年的每个季度末，国防部长办公室都会针对目前 MDAP 的状态向国会提交 SAR 报告, 每年最后一个季度末的 SAR 报告为年度报告, 报告中涉及的项目主要是已经进入系统开发阶段的 MDAP, 包含项目的成本、进度和性能等情况。对于费用出现超预算 15% 或进度推迟超过 6 个月的项目, 还需要额外提供季度性 SAR 报告。SAR 报告可以为 GAO 的评估工作提供官方、权威、真实的项目成本和进度方面的评估数据, 同时为保证评估的严谨性, GAO 会采取措施对国防部 SAR 报告中提供的数据的质量进行核查, 如果报告中数据与核查情况存在出入, GAO 会与项目负责人进行讨论, 对评估数据做出相应的调整。项目成本和进度数据一般通过国防采办管理信息检索系统（DAMIR）获取, DAMIR 主要为里程碑节点审查服务, 数据库中包括《国防采办执行状况概要》、《采办项目基线》和 SAR 三大报告系统, 将多个来源的数据进行融合, 以方便用户查询、使用[33]。

3.2.2　来自项目办公室的项目性能数据

项目性能数据包含项目技术成熟度、设计成熟度和生产成熟度数据, 通过 GAO 向项目办公室发放数据采集工具、问卷或直接与项目办公室工作人员谈话等方式获取。此外, GAO 还会对相关的项目文件进行审查, 如作战需求文件、采办项目基线、试验报告、重要项目评审文件等, 对项目知识数据进行补充。

1. 技术成熟度数据

技术成熟度数据是项目中达到一定技术成熟度标准的关键技术占总的关键技术数量的比例。美国国防部《国防采办指南》中对技术成熟度的定义为"关键技术满足项目目标程度的度量, 是项目风险的主要参考因素"[36]。GAO 评估中技术成熟度采用技术成熟度水平（TRL）为衡量标准, 每个等级代表不同的技术成熟度[37]。《国防采办指南》中将 TRL 分为 9 个等级, 并且对每个等级以及每个等级对应的采办周期阶段都有详细的说明, 如

表 3.1 所列。

表 3.1　技术就绪水平等级

等级	硬件 TRL	对应的采办周期阶段
1 级	基本原理被观察和报告	早于装备方案分析阶段
2 级	技术概念和应用被详细阐明	早于装备方案分析阶段
3 级	技术概念的关键性能和/或特征解析及试验证明已完成	早于装备方案分析阶段
4 级	完成实验室环境下的元部件或试验板验证	装备方案分析阶段
5 级	完成相关环境下的元部件或试验板验证	技术开发阶段
6 级	完成相关环境下的系统/分系统模型或原型的演示验证	技术开发阶段
7 级	完成作战环境下的系统原型的演示验证	工程与制造开发阶段
8 级	真实系统完成并通过试验和演示验证	生产与部署阶段
9 级	真实系统通过作战任务的检验，被证明成功	生产与部署阶段

美军武器装备采办项目一般在里程碑 B 和 C 之前进行技术成熟度的评估。评估的一般步骤包括制定技术成熟度评估时间表（里程碑评审前一年开始准备）、成立技术成熟度评估小组、确定关键技术元素并制作清单、搜集技术成熟度评估资料、开展关键技术元素成熟度评估、得出评估结果并形成评估报告，整个评估过程在里程碑节点审查前一个月左右结束。

GAO 在绩效评估的过程中，不会再次进行技术成熟度的评估，而是通过项目办公室上报项目关键技术和技术成熟度的数据的方式来完成，并且大多数情况下，GAO 并不对项目办公室上报的技术成熟度数据进行验证。

2. 设计成熟度数据

设计成熟度采用工程图纸完成百分比来进行衡量。对于设计成熟度数据，GAO 要求项目办公室提供设计审查、生产决策以及评估当前三个时间节点的工程图纸完成百分比或预计完成百分比。《国防采办指南》指出，工程图纸和模型、试验设备清单、工程产品结构等数据同属于技术数据包（Technology Data Package），这些数据是保障采办战略、工程、生产、后勤的基础[38]。

3. 生产成熟度数据

生产成熟度数据是项目中关键制造过程达到统计控制状态（一切非随机系统因素已经被消除或控制的状态）的百分比[39]。当关键制造过程统计控制程度数据不可用时，GAO 也会考虑运用项目中产品废弃率和返工率作为项目生产成熟度的评估数据。

获取生产成熟度数据时，首先需要项目办公室确定项目中的关键制造过程数量，然后引入过程能力指数对关键制造过程是否达到统计控制状态进行评判。过程能力指数一般应用于现代工业的统计过程控制中，用来对一个工业生产过程是否能够生产符合预期质量要求的产品进行衡量[40]。过程能力指数越大，表明过程能力越高，有较高的可能性可以生产出符合质量预期的产品。但是过程能力指数最佳值由一个区间来进行表示，因为过程能力指数过高，意味着该过程能力过剩，不利于成本和资源的节约。GAO对每个关键生产过程的过程能力指数进行计算，如表 3.2 所列，如果过程能力指数大于 1.33，则认为该过程处于统计控制状态。

表 3.2　过程能力指数评级标准

等级	对应数值	描述
A++	大于等于 2.0	可考虑降低成本
A+	1.67～2.0	应当进行保持
A	1.33～1.67	能力良好，状态稳定
B	1.0～1.33	状态一般，制程因素稍有变化会导致产品不良
C	0.67～1.0	制程不良较多，因提升能力
D	小于 0.67	能力太差，不可接受

3.3　基于基准比较的定量化 GAO 武器装备采办绩效评估

GAO 对单一项目的评估可以分为两个部分，分别是以项目成本与进度为基础的评估和以项目各阶段关键要素成熟度为基础的项目性能评估。

GAO 在评估过程中为每个指标设置一个基准，并采用项目数据与基准比较的方式进行评估。

3.3.1　成本、进度评估采用与基准年数据对比的方式

项目基本情况评估的过程中，成本和进度评估采用与基准率数据对比的方式，即：对于已经通过里程碑 B 节点审查的项目，将最新的 SAR 报告中的项目成本和进度数据，与项目准许进入工程与制造开发阶段之后的第一份 SAR 报告中的成本和进度数据进行比较；对于没有进入里程碑 B 节点审查的项目，将可获取到的最新项目成本和进度数据，与项目准许进入技术开发阶段之后计划估算的成本和进度数据进行比较；对于不属于 SAR 报告中的项目，采用从项目办公室获取到的成本和进度数据与适当的基准数据进行比较。

在美军三个里程碑节点，都会对项目的成本进行评估，成本评估的过程和结果是里程碑审查工作的重点。在通过里程碑 A、B 节点审查之后，项目的成本和进度方面的风险是明确的，并且参与项目的各方认为该成本水平是设置合理、可接受的，因此选用里程碑 A、B 节点审查之后最新的项目成本和进度数据为基准数据，如此反映出的绩效问题更加具有说服力。

3.3.2　性能评估采用与最佳值对比的方式

每个成熟度指标都有一个最佳实践值。GAO 评估过程中将所有关键技术（100%）的 TRL 都达到第 7 等级（系统样机在作战环境中演示验证），作为技术成熟度的最佳实践值（假如被评估项目涉及卫星技术，由于系统样机无法在作战环境中演示验证，因此最佳实践值对应 TRL 等级为第 6 级）；将工程图纸的完成或者获准向制造商发布百分比达到 90%，作为设计成熟度的最佳实践值[41]。将所有的关键生产过程（100%）都处于统计控制状态，作为生产成熟度的最佳实践值。GAO 认为，当采办工作进展到开发开始、

设计审查和生产决策 3 个时间点时，正好对应 3 个成熟度指标的最佳实践值，表示武器装备采办绩效水平较高。

2012 年之前的 GAO 绩效评估报告中，在对项目性能评估时，采用绘制最佳实践曲线图，将三个指标绘制到同一张图中，称为项目性能评估对比图，并利用图示的形式对实际成熟度与最佳实践值进行比较。

如图 3.2 所示，在 GAO 项目性能评估对比图中，横轴为时间轴，包括项目开发开始、国防部设计审查、生产决策及 GAO 评估 4 个时间点；纵轴表示最佳实践值的实现程度，3 种成熟度的最佳实践值各占纵轴的一个单位长度。4 个时间点对应的纵轴数值为总成熟度数值，依据不同的时间节点的总成熟度数值绘制每个时间节点的条形图，其中：

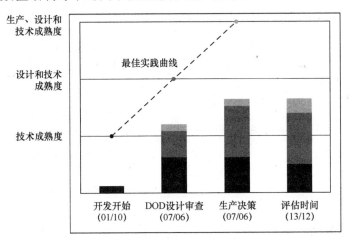

图 3.2　项目性能评估对比图示例

总成熟度数值=技术成熟度数值+设计成熟度数值+生产成熟度数值

最佳实践曲线以项目开发开始、国防部设计评审、生产决策 3 个时间点及与之对应的最佳实践值为基础进行绘制。由于时间点和最佳实践值在横纵轴上各占一个单位长度，因此最佳实践曲线为直线，其含义为：项目开发开始，技术成熟度达到最佳实践标准；国防部设计审查时，技术、设计成熟度皆达到最佳实践标准；生产决策点时，技术、设计和生产成熟度皆达到最佳实践标准。

通过条形图的顶端距离最佳实践曲线的距离，可以直观地对该时间点的成熟度进行观察。条形图顶端越接近于最佳实践曲线（一般低于最佳实践曲线），意味着项目的风险越小。而当采用推测数值时，图上用虚线柱体进行标示。

3.4 定量向定性"改进"的 GAO 评估方法

GAO 采用最佳实践值对比的方式对性能指标进行评估，从根本上说这是一种定量化的评估方法，将技术成熟度、设计成熟度和生产成熟度通过一定的方法定量化，并且通过可视化的对比图进行对比分析及结果呈现，如表 3.3 所列。然而从 GAO 发布的评估报告中可以看出，采用定量化评估的效果并不理想，具有技术成熟度数据的项目数量基本等于当年评估的总项目数量，而具有生产成熟度数据的项目数量很少。

表 3.3　GAO 武器装备采办绩效评估报告定量性能评估数据完备性

报告年份	有技术成熟度数据的项目数量	有设计成熟度数据的项目数量	有生产成熟度数据的项目数量
2003	24	19	3
2007	52	34	5
2011	47	37	4

生产成熟度数据过少的原因主要有：项目办公室关键生产过程数据缺失；关键生产过程统计控制状态数据难以获取（需对关键生产过程得到的产品质量进行抽样统计，难以实现）；GAO 审查日期处于项目生产决策之前。而不论原因是什么，都说明出生产成熟度数据和指标在绩效评估的过程中发挥的作用很小。因此从 2012 年开始，GAO 不再使用定量化的最佳实践曲线对比的方式，而是采用定性表格描述的方式，列出 3 个成熟度指标的详细信息。GAO 在这一改变的过程中引入了项目生产成熟度等级的概念，生

产成熟度等级与 TRL 十分相似，分为 10 个等级[42]，如表 3.4 所列。

表 3.4 生产成熟度等级

等级	成熟度描述
1 级	基本生产影响因素被确定
2 级	生产概念被确定
3 级	生产概念得到分析和试验证明
4 级	具备实验室环境下将技术转化为产品的能力
5 级	具备生产相关的环境下生产原型组件的能力
6 级	具备生产相关的环境下生产原型系统或分系统的能力
7 级	具备典型生产环境下生产系统、分系统或组件的能力
8 级	具备试点能力；低速初始生产就绪
9 级	进行低速生产；全速生产就绪
10 级	进行全速生产；精益生产实践就绪

GAO 不再对搜集到的性能评估数据进行定量化处理，而是为每一个知识指标设定一系列标准，称为"技术标准""设计标准"和"生产标准"，并根据被评估项目是否达到这些标准来对其性能绩效进行评估，如表 3.5 和表 3.6 所列。

表 3.5 项目性能评估表（非舰船制造项目）

项目性能情况	
截至日期：	
资源需求匹配情况（技术标准）	
相关环节中实现所有关键技术	○
真实环境中实现所有关键技术	●
完成初步设计审查	..
产品设计稳定情况（设计标准）	
超过 90%设计图纸被发布	○
完成系统级别集成原型的试验工作	○
生产过程成熟程度（生产标准）	
验证关键生产过程处于受控状态	..

（续）

在试点生产线上验证关键生产过程	●
试验代表性生产的产品原型	.
说明：● 达到标准 　　　○ 未达到标准 　　　‥ 无数据 　　　· 不适用	

表 3.6　舰船制造项目性能评估表

项目性能情况	
截至日期：	
资源需求匹配情况（技术标准）	
相关环节中实现所有关键技术	○
真实环境中实现所有关键技术	●
完成初步设计审查	‥
产品设计稳定情况（设计标准）	
完成三维产品模型	○
完成系统级别集成原型的试验工作	○
生产过程成熟程度（生产标准）	
验证关键生产过程处于受控状态	‥
在试点生产线上验证关键生产过程	●
试验代表性生产的产品原型	·
说明：● 达到标准　　‥ 无数据 　　　○ 未达到标准　· 不适用	

4 注重项目和合同总体特性的 PARCA 武器装备采办绩效评估

PARCA 武器装备采办绩效评估最大的特点是数据主导评估，评估思路设计、评估指标设立、评估方法的选取都围绕获取到的评估数据，整个评估过程的设计完全按照统计分析的思路。PARCA 评估数据库的基础是项目和合同的成本、进度、技术性能等数据，但是每个数据所包含的信息都具有很强的关联性。如某年某项目的成本增长数据，可以通过年份与该项目历年数据进行关联，也可通过军队部门与该部门其他项目的成本增长数据关联，还可通过承包商与该承包商其他项目的成本数据关联，甚至可以通过历史时期与该历史时期其他项目的成本数据关联，等等。正是通过数据的这种关联性质，使得借助统计分析方法，可以实现成本上涨、进度拖延等数据关联因素的挖掘，从而通过趋势、增长量等具体数值的反映出的信息，来对武器装备采办的绩效进行评估。

PARCA 的绩效评估思路，使得其开展的评估工作具有极强的科学性，但是全面性方面的保障难以实现，这也是其未来需要努力的方向，即：通过搜集更多的数据，探索更多的评估方向，挖掘更多的绩效影响因素，揭示武器装备采办背后更深层次的发展规律。

4.1 内含多维度特性的评估数据

评估数据是评估工作开展的基础，这在 PARCA 评估中体现得尤为明显。PARCA 评估思路与 GAO 存在一定的不同：GAO 采用评估指标决定评估数据的思路；而 PARCA 的整个绩效评估工作是由评估数据驱动的，评估指标的设定取决于获取到哪些评估数据，评估方法的选用则依据评估数据的类型而定。

4.1.1 评估数据具有多维度特性

PARCA 武器装备采办绩效评估数据不仅仅是单纯的进度或成本数据，而是在此基础上附加有额外的特征属性。对数据的属性进行归纳总结，可以将绩效评估数据包含的属性分为三个维度，并且每个维度代表了数据具有的一类特征属性。第一个维度是数据的基本维度，表示数据的基本类型，包括成本数据、进度数据、技术性能数据、价格数据以及利润数据等；第二个维度是数据的归属维度，表示数据来自于什么方面，包括项目归属和合同归属；第三个维度是数据的阶段维度，表示数据来自于采办周期的哪个阶段，包括开发阶段和生产阶段。具有两个属性的数据一般由归属维度或阶段维的数据加上基本维度的数据构成，如项目技术性能数据等；具有三个属性的数据由三个维度的数据共同构成，如项目生产成本数据、开发合同价格数据等。

4.1.2 评估数据的三维描述模型

由于 PARCA 武器装备采办绩效评估过程涉及到的数据种类繁多、结构复杂，因此采用三维描述模型来对评估数据进行梳理，理清评估数据种类及其与评估内容之间的对应关系。三维描述模型采用评估数据的基本维度、归属维度和阶段维度为三个维度，每个值代表了一种评估数据，由于绩效评估工作涉及到的数据和范围有限，并非所有叠加值代表的数据都在绩效评估中得到体现。

三维描述模型中三个维度相互叠加形成不同评估数据的种类，类似于四维时空中的三个空间维度，而由项目绩效、合同绩效、机构绩效、采办政策和采办工作人员绩效等组成的评估内容维度，独立于上述三个维度，却又与它们息息相关。类似于时间维度，四个维度构成了 PARCA 武器装备采办绩效评估四维模型，如图 4.1 所示。

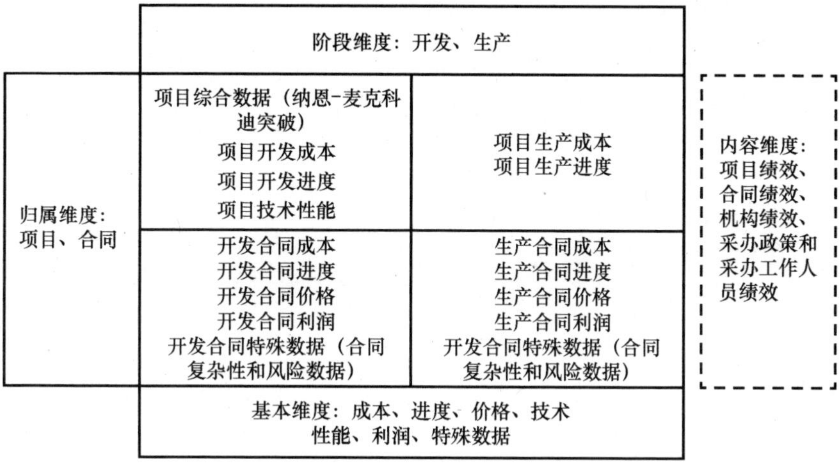

图 4.1　PARCA 武器装备采办绩效评估四维模型

PARCA 评估涉及到的评估内容主要包括项目绩效、合同绩效、机构绩效、采办政策和采办工作人员绩效等[43]，如表 4.1 所列。不同的评估内容需要由多个不同种类的评估数据支撑，相同的评估数据也可以为多个评估内容服务。

表 4.1　PARCA 评估数据与评估内容对应关系

评估内容	主要体现	评估数据
项目绩效	项目综合绩效	● 项目总体数据 ● 项目综合数据
	项目开发绩效	● 项目开发成本 ● 项目开发进度
	项目生产绩效	● 项目生产成本 ● 项目生产进度
	项目技术性能绩效	● 项目技术性能

（续）

评估内容	主要体现	评估数据
合同绩效	生产合同绩效	• 生产合同成本 • 生产合同进度
	开发合同绩效	• 开发合同成本 • 开发合同进度
	合同类型绩效评估	• 生产合同成本 • 生产合同进度 • 开发合同成本 • 开发合同进度
	合同价格绩效评估	• 生产合同成本 • 生产合同价格 • 开发合同成本 • 开发合同价格
	合同复杂性和风险评估	• 生产合同成本 • 生产合同价格 • 生产合同进度 • 开发合同成本 • 开发合同价格 • 开发合同进度
机构绩效	军兵种部绩效	• 项目特殊数据 • 项目成本数据 • 开发和生产合同成本数据 • 开发和生产合同进度数据
	主承包商绩效（以及依据商品类别开展的绩效评估）	• 生产合同利润 • 生产合同进度 • 开发合同利润 • 开发合同进度
	分包商绩效	• 生产合同利润 • 开发合同利润
采办政策和采办工作人员绩效	激励机制评估	• 合同价格 • 合同进度 • 合同利润
	采办改革评估	• 项目成本数据

（续）

评估内容	主要体现	评估数据
采办政策和采办工作人员绩效	财政情况评估	● 项目成本数据
	国防采办官员绩效评估	● 项目开发成本 ● 项目开发进度 ● 项目生产成本 ● 项目生产进度
	军兵种部采办官员绩效	● 项目开发成本 ● 项目开发进度 ● 项目生产成本 ● 项目生产进度
	采办人才队伍	目前尚未开展具体评估

4.1.3　评估数据的来源

PARCA 评估数据种类繁杂，在讨论数据来源的问题时，分为项目数据来源和合同数据来源进行讨论。

对评估报告中涉及到合同和项目数量进行统计，绩效评估中涉及到的项目主要包括重大武器装备采办项目（MDAP）和重大自动化信息系统（MAIS），而合同一般涉及开发合同和生产合同。2013 年合同评估涵盖 2013 年之前 20 年中的合同数量，而后两年仅统计新增的数据。由于绩效评估中不同评估涉及到的项目、合同的数量并不相同，因此表 4.2 所列的数据涵盖了尽可能多的项目和合同数量。

表 4.2　历年 PARCA 评估报告中项目和合同数量

报告年份	2013		2014		2015	
	项目	合同	项目	合同	项目	合同
开发	170 MDAP	433	181 MDAP,	87	187 MDAP	120
生产		440	31 MAIS	83	40 MAIS	159
总计	170	873	212	170	227	279

如表 4.3 和表 4.4 所列，PARCA 项目数据和合同数据主要来自于国防

部及相关组织的报告和数据中心，不仅涵盖了这些数据源的历史数据，而且每年跟踪它们的数据发布，对评估数据进行更新。这些报告和数据中心大都不是专职为 PARCA 服务，每个来源的数据覆盖项目和合同相关绩效评估广度和深度都不相同，经过 PARCA 的汇总和处理，形成横向和纵向都较为完善的武器装备采办绩效评估数据库。

表 4.3　PARCA 绩效评估项目数据来源

数据来源	简要介绍	可从中获取的数据种类
SAR 报告[44]	• 报告中对 I 类采办项目 MDAP 进行描述 • 由项目主任根据国防采办信息检索（DAMIR）应用来准备 SAR • 由国防部向国会提交 • 每年发布份季度报告，其中第四季度报告为年度报告	• MDAP 成本、进度和性能状态信息 • MDAP 单位成本信息及其突破情况 • MDAP 及其组成部分全寿命周期成本分析
MAR 报告[45]（MAIS 年度报告）	• 对 MAIS 项目进行描述 • 可以从 DAMIR 系统中获取 MAR 报告 • 国防部每年年末向国会提交	• MAIS 成本、进度和性能状态信息 • 其他国会要求的信息
BLRIP 报告[46]	• 由作战试验鉴定局长办公室向国防部长，负责采办、技术与后勤的副国防部长，以及国会武装服务委员会提交 • 全速率生产决策审查之前完成 • 对 MDAP 及其他指定项目的初始作战试验鉴定结果进行评估	• MDAP 作战有效性和适应性数据 • 其他与作战性能相关的数据
审查数据	• 审查数据可以从 DAMIR 和 DACIMS 两大数据系统中获得： • DAMIR 以国防采办执行状况概要、采办项目基线及 SAR 等三大报告系统为基础 • DACIMS 为国防自动成本信息管理系统，专门收录成本信息	• DAMIR 可提供项目成本、进度和性能信息 • DACIMS 提供项目总成本数据、项目中承包商合同成本数据及每个合同的成本数据
GAO MDAP 评估报告	• 由 GAO 向国会提交的年度报告 • 带有审计特性 • 报告中项目数据进行过一定加工	• MDAP 成本、进度及技术性能数据

（续）

数据来源	简要介绍	可从中获取的数据种类
CPARS	• 由海军研发的自动化信息系统 • 为承包商以往业绩评估提供数据支撑	• 承包商履约相关信息 • 已完成项目的技术、进度、成本控制及管理信息 • 已完成项目中合同的成本、进度、技术信息

表 4.4　PARCA 绩效评估合同数据来源

数据来源	简要介绍	可从中获取的数据种类
挣值中央资料库	• 由 DCARC 和负责采办、技术与后勤的副国防部长办公室共同组建 • 由 PARCA 负责管理，搜集、报告关键采办的挣值数据 • 总价值超过 4 千万美元的 MDAP 的重要合同会被录入数据库（1990 年定值美元） • RDT&E 超过 6 千万美元、采购费用超过 2 亿 5 千万美元及船舶制造项目的合同会被录入数据库（1990 年定值美元）	• 由承包商提供的 MDAP、MAIS 中合同费用、进度和性能数据
新一代联邦采购数据系统[47]	• 2004 年联邦采购数据系统开始使用新一代系统 • 该系统是电子政务集成采办环境的重要组成部分 • 国防部通过国防合同数据系统与其进行对接	• 合同基本信息 • 合同成本、价格数据 • 承包商相关数据 • 竞争数据 • 产品和服务数据等
承包商成本数据报告	• 由承包商提交的成本数据报告	• 合同数据报告

4.2　体系性弱、独立性强的评估指标

从四维描述模型出发，以评估内容维度为基础，将评估指标分为项目指标、合同指标、机构指标、采办政策指标和采办工作人员指标，对指标的评估细节和评估思路进行介绍。

4.2.1 项目指标

项目指标主要关注 MDAP 和 MAIS 的绩效，二级指标包括综合绩效指标、MDAP 绩效指标和 MAIS 绩效指标，如图 4.2 所示。表 4.5 对项目指标细节和评估思路进行了介绍，项目指标的评估主要侧重于项目成本上涨的评估，在评估的过程中大量使用了统计方法。

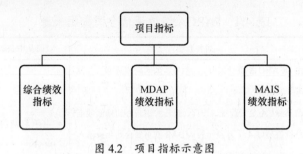

图 4.2　项目指标示意图

表 4.5　PARCA 武器装备采办绩效评估项目指标

评估指标	评估指标细节	指标评估思路
综合绩效指标	• 《纳恩-麦克科迪法案》突破	• 按年份对发生突破的项目数量进行统计 • 按商品种类对发生突破的项目数量进行统计
MDAP 绩效指标	• MDAP 开发成本上涨 • MDAP 生产成本上涨 • MDAP 技术性能	• 以 RDT&E 资金为项目开发评估数据。按年份对开发成本上涨进行统计，评估不同时间段的项目开发成本上涨情况；对项目相对里程碑 B 时成本减少比重进行统计，评估不同时间段成本控制情况。 • 以单位采购资金为项目生产评估数据。按年份对生产成本上涨进行统计，评估不同时间段的项目生产成本上涨情况；对项目相对里程碑 B 时成本减少比重进行统计，评估不同时间段成本控制情况。 • 按照年份和商品种类，对 MDAP 作战有效性和适应性进行统计
MAIS 绩效指标	• MAIS 成本上涨 • MAIS 进度拖延	• 按年份、决策机构对 MAIS 成本上涨进行统计。 • 按年份对 MAIS 进度拖延进行统计。

4.2.2 合同指标

合同指标在 PARCA 评估工作中占比最大,合同相比于项目是更小一级的采办工作承载单元, PARCA 评估过程只对开发合同和生产合同进行了分析,因此合同指标的二级指标可以分为开发合同绩效指标和生产合同绩效指标,两类指标的评估细节相似度很高,如表 4.6 所列。同时,由于开发合同和生产合同评估数据的相似性,两类指标绩效评估的思路和方法也基本一致。

表 4.6 PARCA 武器装备采办绩效评估合同指标

评估指标	评估指标细节	指标评估思路
开发合同绩效指标	<ul><li>开发合同成本上涨</li><li>开发合同进度拖延</li><li>开发合同价格上涨</li><li>开发合同目标成本</li><li>开发合同周期时间</li><li>开发合同成本上涨异常值</li><li>开发合同复杂性</li><li>开发合同风险</li></ul>	<ul><li>按照年份对开发合同成本上涨进行统计</li><li>按照商品种类对开发合同进度拖延进行统计</li><li>按照商品种类和年份对开发合同价格上涨进行统计</li><li>按时间对开发合同目标成本变化进行统计</li><li>按时间对开发合同周期时间进行统计,是合同复杂性评估的基础</li><li>对导致开发合同成本上涨异常的原因进行统计</li><li>按时间对开发合同复杂性得分进行统计</li><li>按时间对开发合同风险得分进行统计</li></ul>
生产合同绩效指标	<ul><li>生产合同成本上涨</li><li>生产合同进度拖延</li><li>生产合同价格上涨</li><li>生产合同目标成本</li><li>生产合同周期时间</li><li>生产合同复杂性</li><li>生产合同风险</li></ul>	<ul><li>按照年份对生产合同成本上涨进行统计</li><li>按照商品种类对生产合同进度拖延进行统计</li><li>按照商品种类和年份对生产合同价格上涨进行统计</li><li>按时间对生产合同目标成本变化进行统计</li><li>按时间对生产合同周期时间进行统计,是合同复杂性评估的基础</li><li>按时间对生产合同复杂性得分进行统计</li><li>按时间对生产合同风险得分进行统计</li></ul>

4.2.3 机构指标

机构指标包括军种部、主承包商和分包商三个二级指标,如表 4.7 所列。

军种部指标评估的核心是项目和合同绩效的评估，只是将评估数据和过程按照军种部进行了划分，从而得出针对不同军种部的项目和合同绩效结果。主承包商指标的评估侧重于合同数据的评估，如表4.8所列，洛克希德·马丁、波音、诺斯罗普·格鲁曼、通用和雷声等5家公司占1994—2011年间MDAP开发和生产合同各82%，因此主承包商绩效评估主要针这5家公司开展。分包商的利润评估采用与主承包商利润比较的方式，由此得出国防部和主承包商对于分包商利润控制程度方面的绩效水平。

表 4.7　PARCA 武器装备采办绩效评估机构指标

评估指标	评估指标细节	指标评估思路
军种部指标	• 项目进度拖延 • 项目技术有效性 • 项目技术适应性 • 《纳恩–麦克科迪法案》突破 • 合同趋势分析	• 按军种部对项目进度拖延进行统计 • 按军种部对项目技术有效性进行统计 • 按军种部对项目技术适应性进行统计 • 按军种部对《纳恩–麦克科迪法案》成本突破进行统计 • 按军种部对合同工作内容、成本、价格、利润及进度等趋势进行评估
主承包商指标	• 开发合同分析 • 生产合同分析 • 承包商等级 • 商品类别	• 按照主要承包商对开发合同目标成本上涨和进度拖延进行统计 • 按照主要承包商对生产合同目标成本上涨和进度拖延进行统计 • 按照军种部及国防后勤局对优质供应商激励项目中的数据进行统计 • 按照商品种类对项目成本上涨和进度拖延数据进行统计
分包商指标	• 分包商利润	• 以所属主承包商利润为横坐标、分包商利润为纵坐标进行统计 • 按照军种部对分包商开发和生产利润进行统计

表 4.8　1994—2011 年间主承包商 MDAP 合同数量及比例

主承包商	MDAP 开发合同数量	MDAP 开发合同比例	MDAP 生产合同数量	MDAP 生产合同比例
洛克希德·马丁 （Lockheed Martin）	40	25%	14	14%
波音（Boeing）	28	18%	20	20%

（续）

主承包商	MDAP 开发合同数量	MDAP 开发合同比例	MDAP 生产合同数量	MDAP 生产合同比例
诺斯罗普·格鲁曼（Northrop Grumman）	26	17%	31	31%
通用(General Motors)	14	9%	12	12%
雷声(Raytheon)	21	13%	5	5%
其他	28	18%	18	18%
总计	157		100	

4.2.4　采办政策指标

采办政策绩效评估是指对采办政策有效性进行评估。PARCA 采办政策绩效评估与其他方面绩效评估存在一定的差异：采办政策绩效评估没有固定评估内容，每年的绩效评估报告中都针对不同的政策开展评估；采办政策绩效评估没有固定的模式，针对不同的政策内容，PARCA 采用不同的思路进行评估；采办政策绩效评估没有固定评估方法，有些方面的评估甚至直接借鉴其他研究人员的方法和结论。

根据评估内容的不同，可以将采办政策指标分为激励机制指标、采办改革指标和财政情况指标，如表 4.9 所列。

表 4.9　PARCA 武器装备采办绩效评估采办政策指标

评估指标	评估指标细节	指标评估思路
激励机制指标	● 竞争性评估 ● 利润激励	● 分别对竞争性合同和单一来源合同的价格上涨、进度拖延和最终利润进行统计 ● 利润激励是指高的未来合同利润对现阶段合同进度的激励。采用相同承包商的生产合同利润和开发合同进度数据进行统计分析
采办改革指标	● 采办改革绩效评估	● 对 1970—2007 年间的五种不同政策体制下 MDAP 项目单位成本上涨数据进行统计
财政情况指标	● 不同财政情况下采办绩效评估	● 按财政宽松和紧缩时期对项目采办单位成本上涨进行统计

4.2.5 采办工作人员指标

对参与武器装备采办工作的人员进行评估是武器装备采办绩效评估中的重要组成部分，可以分为对于采办执行官员和人才队伍的评估，如表 4.10 所列。其中，2015 年评估报告中虽然在正文部分加入了"采办人才队伍"的章节，但是依旧缺乏足够数据来支持这一方面的评估。但也可以看出，PARCA 已经着手开展采办人才队伍绩效评估相关的工作，随着未来掌握充分的相关数据，有关人才队伍的绩效评估会成为总的绩效评估工作的重要组成部分，这是 PARCA 评估工作走向成熟和完善的重要一步。

表 4.10　PARCA 评估中的采办工作人员指标

评估指标	评估指标细节	指标评估思路
采办执行官员指标	● 国防部采办执行官 ● 军种部采办执行官	● 按照不同历史时期，对国防部采办执行官任期内的项目开发和采购成本上涨情况进行统计 ● 按军种部，对采办执行官任期内的项目开发和采购成本上涨情况进行统计
人才队伍指标	● 采办人才队伍	● 尚未进行评估

4.3　统计分析与根本原因分析结合的评估方法

4.3.1　评估数据的预先处理

PARCA 评估数据来源于不同的数据源，为统一评估数据的标准，在开始评估之前，需要对这些数据进行处理。评估数据的预先处理包括通货膨胀处理、赋予权重和异常值处理。

（1）通货膨胀处理。由于通货膨胀的存在，不同年份之间相同的美元数值代表的实际价值会存在差异。只有消除这些差异，才能更好地发掘真实价值数据中隐藏的统计规律。不同年份之间的美元价值可以通过 GDP 平减指数进行转换，GDP 平减指数是指名义 GDP 增长（当前价格计算得到的

GDP)与真实 GDP(由基年价格计算得到的 GDP)增长之间的比值。表 4.11 列出了以 2009 年为基准年的美国历年 GDP 平减指数。

表 4.11　美国历年 GDP 平减指数①

年份	1997	1998	1999	2000	2001	2002	2003	2004	2005
GDP 平减指数	78.39	79.23	80.55	82.59	84.23	85.65	87.35	90.05	93.10
年份	2006	2007	2008	2009	2010	2011	2012	2013	2014
GDP 平减指数	95.58	97.96	99.81	100.17	101.95	103.92	105.82	107.30	108.65

不同年份的美元数值可以利用 GDP 平减指数进行计算,即

$$P_Y = P_X \times \frac{G_Y}{G_X} \tag{4.1}$$

式中:P_X 为 X 年的美元数值;P_Y 为 Y 年的美元数值;G_X 为 X 年的 GDP 平减指数;G_Y 为 Y 年的 GDP 平减指数。

(2)赋予评估数据权重。对不同评估数据赋予权重,可以反映统计样本个体间的差异对统计结论的影响,在总体数据中突出权重较大的个体数据。绩效评估的过程中,通常会对项目或合同某些方面的增加量进行加权处理,利用项目美元价值、合同大小(美元金额方面的大小)及项目或合同的花费,对不同的数据赋予不同权重,突出金额较大的项目或合同某方面的数据增长与金额较小的项目或合同之间的差别。

(3)异常值处理。可以采用方法上隔离、评估上重视的策略进行异常值处理。异常值是指一组评估数值中与平均值的偏差超过两倍标准差的数值。评估的过程中,PARCA 采用中位数和箱型图的方式,可以有效规避异常值对于统计趋势的影响。中位数性质之一就是可以规避极端值的影响;箱线图本身对数据分布的四分位数和中位数进行标示,主体部分也不受极端值影响。这种方法适合对于明显存在的异常值进行剔除,见图 4.3。

---

① http://www.multpl.com/gdp-deflator/table.

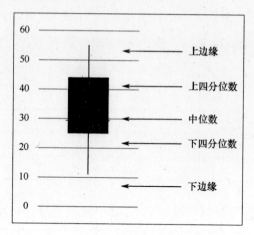

图 4.3　箱形图示意图

在 PARCA 绩效评估的过程中，利用统计学知识对异常值的存在进行了检验。在涉及成本上涨、价格上涨、进度拖延及最终利润增长的数据时，绩效评估中采用残差分析方法对异常值进行判别，残差是指实际值与拟合值之间的差值，从残差提供的信息可以判断拟合模型的准确性和数据的可靠性，而在假定拟合模型正确的前提下，残差分析可以用来对数据中异常值进行探测。PARCA 绩效评估可以采用学生化残差、杠杆值测试及库克距离测试等方法，通过专业统计软件（如 SPSS）进行实现。

虽然异常值不能反映绩效的总体情况，但这些异常值代表了真实存在的项目或合同，可以反映采办过程中的典型问题，存在评估的价值，因此不能忽视这些异常值。PARCA 在 2015 年绩效评估报告中对出现在 MDAP 开发合同成本上涨数据中的异常值进行了分析，并对导致异常值出现的原因进行了统计。

4.3.2　统计学方法为基础的定量评估

PARCA 武器装备采办绩效评估采用从个体到整体的思路，对个体数据在整体层面的统计显著性进行把握，进而得出评估结论。

1. 单变量分析法对评估指标发展趋势进行统计概括

PARCA 绩效评估报告中大量使用单变量分析法，由于评估数据可以覆盖整个评估整体，不存在抽样过程，省去了由样本数据对整体情况的推断过程，因此 PARCA 绩效评估运用单变量分析法时，大部分情况下并不需要统计推断和假设检验，只是利用已有数据对整体趋势做出推论，但是在趋势可能由偶然因素导致的情况下，还会进行显著性检验。图 4.4 所示为单变量分析流程图，实线框部分为必需流程，虚线框部分为部分评估需要的流程。

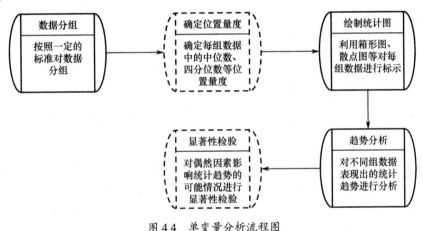

图 4.4　单变量分析流程图

（1）数据分组。分组的标准一般与被评估对象相关，由评估涉及的问题决定。例如：评估项目费用上涨的绩效，则按照不同的年份（一年或两年）对评估数据进行分组；评估不同采办执行官任期内项目进度拖延的绩效，则按照任期对评估数据进行分组；评估不同军种部合同费用上涨的绩效，则按照军种部对评估数据进行分组等。数据分组的组间距是根据实际问题而定，可以是均匀间距，也可以是非均匀间距。

（2）确定位置量度。最重要的位置量度是中位数，用以表征一组按照大小排列的数据中位于最中间位置的样本数据。假设数组中有 N 个数据，D_n 表示第 n 个数的数值，则可以确定中位数 M_d，其中：N 为奇数时，M_d

为数据组中真实存在的数据；N 为偶数时，M_d 为最中间两个数据的平均值。

对于 N 为奇数的情况，有

$$M_d = D_{\left(\frac{N+1}{2}\right)} \qquad (4.2)$$

对于 N 为偶数的情况，有

$$M_d = \frac{D_{\left(\frac{N}{2}+1\right)} + D_{\left(\frac{N}{2}\right)}}{2} \qquad (4.3)$$

式中：M_d 为中位数；D_n 为数组中第 n 个数的数值。同理，其他的位置量度还包括最大小值和上下四分位数（处于按大小排列的数组的 3/4 和 1/4 位置）。四分位数的确定可以参考中位数的确定方法，最大小值的确定要更加简单。

（3）绘制统计图。绩效评估过程中采用统计图表来对趋势分析和统计结果进行直观呈现，涉及到的统计图表包括折线图、柱状图、箱线图和散点图。折线图和柱状图一般用横轴表示数据类型，纵轴表示数据量，虽然折线图看似连续，但只在标明的数据点处有真实意义，与柱状图的直方相对应，这两种图适合对只对应一个数据量的数据类型进行描述，可以从折线或柱状的变化了解数据变化的趋势。箱线图对每个数据类型对应多个数据量的数据组进行描述，虽然比直方图和折线图（只能描述最大值、最小值、中位数等特征数据之一）能够包含更大的信息量，但是只包含最大值、最小值、中位数及其他四分位数信息，大部分情况下，绩效评估过程中对数组的中位数变化进行研究，来分析某评估指标的变化趋势。散点图将数组中所有数据都标示在图中，能够包含数组中所有的数据信息，但是却牺牲了数据表现出的趋势的直观性，绩效评估中的散点图都包含趋势线（一般为直线），通过对散点数据进行统计处理得出趋势线，来对趋势进行直观描述。

（4）趋势分析。PARCA 绩效评估单变量分析一般只涉及一个自变量和一个因变量之间的相关性分析，假设数组中包含 N 个数据，(X_i, Y_i) 表示每个数据点，$\bar{X}$ 和 $\bar{Y}$ 表示 X 和 Y 的平均数，相关性可以用线性相关度 r 来表征，即

$$r = \frac{\sum_{i=1}^{N}(X_i - \bar{X})(Y_i - \bar{Y})}{\sqrt{\left[\sum_{i=1}^{N}(X_i - \bar{X})^2\right]\left[\sum_{i=1}^{N}(Y_i - \bar{Y})^2\right]}} \tag{4.4}$$

式中：r 为线性相关度；$\bar{X}$ 和 $\bar{Y}$ 为 X 和 Y 的平均数；X_i，Y_i 为数据点的横、纵坐标数值。r 的绝对值取值范围在 0 和 1 之间，其中：绝对值越接近于 1，则相关度越高；绝对值越接近于 0，则相关性越低（一般情况下，小于 0.3 认为不相关）。只有在相关度高的情况下，讨论趋势才有意义，否则因变量趋势变化的因素可能不是自变量，讨论趋势没有意义。

散点图中的趋势线一般是通过线性最小二乘法得出，线性趋势线的方程为 $Y = a + bX$（绩效评估中涉及的都是线性趋势线），有[48]

$$a = \bar{Y} - b\bar{X} \tag{4.5}$$

$$b = \frac{\sum_{i=1}^{N}(X_i - \bar{X})(Y_i - \bar{Y})}{\sum_{i=1}^{N}(X_i - \bar{X})^2} \tag{4.6}$$

趋势线的确定需要对散点图中每个数据点都进行计算，方法上来看十分繁琐，但是当前很多统计软件（如 SPSS、Excel、Origin 等）都可以在做出散点图后，自动给出趋势线及其方程。

（5）显著性检验。首先对总体的分布情况做一个假设，然后通过样本数据对假设进行检验。在统计分析涉及到整个总体时，对显著性检验是否合适这一问题，社会统计学界一直存在广泛的争论[49]。但是 PARCA 绩效评估的一些情况下，使用显著性检验对统计过程中一些偶然性因素进行排除。显著性检验过程中用到了非参数检验（评估中涉及柯尔莫哥洛夫–斯米尔诺

夫检验和威尔科克森配对符号–秩检验）和卡方检验。显著性检验的一般步骤如图 4.5 所示。

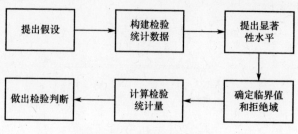

图 4.5 显著性检验步骤图

2. 因子分析间接获取单一合同复杂性和风险数据

合同复杂性和风险与绩效评估关系重大，但是相关数据无法直接获取，需要通过间接手段对单一合同复杂性和风险数据进行获取。实现因素分析的基础是初始合同开支、初始合同进度、合同成本相对于目标成本的上涨及合同进度拖延这 4 种可以直接获取到的数据。合同复杂性和风险评估流程如图 4.6 所示。

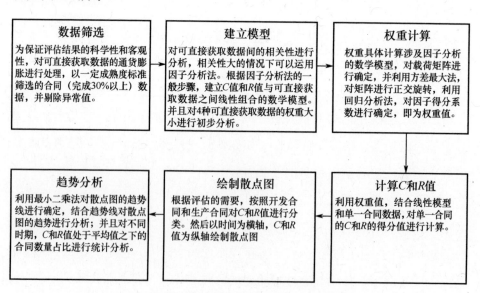

图 4.6 合同复杂性和风险评估流程

PARCA 认为，合同复杂性和风险数据由上述 4 种可以直接获取数据的线性组合描述，针对合同复杂性设立因子 C，针对合同风险设立因子 R。因子 C 构建的过程中，初始合同开支和初始合同进度占到的权重相对较高，合同成本相对目标成本的上涨和合同进度拖延所占权重较低；因子 R 构建的过程权重分配正好相反，并且要求 C 和 R 不存在相关性。PARCA 绩效评估的过程中，通过因子分析的方法确定每种可直接获取的数据的贡献率，这些贡献率通过回归分析法就可以获得最终的权重[50]，如表 4.12 所列。利用最终得到的权重计算每个合同的 C 值和 R 值，分别进行散点图的绘制，并利用线性回归对 C 和 R 的趋势进行分析。

表 4.12　合同复杂性和风险因子分析权重

直接获取数据	开发合同		生产合同	
	C 权重	R 权重	C 权重	R 权重
合同成本相比于目标成本的上涨	0.28	0.60	0.11	0.78
合同进度拖延	−0.23	0.63	−0.34	0.52
初始合同开支（价格）	0.46	0.19	0.45	0.09
初始合同进度	0.54	−0.13	0.52	0.09

3. 根本原因分析对相关问题进行系统化处理

根本原因分析是一个系统化、结构化的问题处理过程。首先需要明确问题是什么，也就是原因分析的对象是什么；其次需要对产生问题的原因进行分析，努力找出所有导致问题产生的作用因素，这是根本原因分析的关键步骤；最后评估改变根本原因的最佳方法，以此为基础提出问题的解决方案。评估过程中，PARCA 针对《纳恩-麦克科迪法案》的突破和开发合同增长异常值的存在进行根本原因分析，其中的根本原因分析是针对单一项目或合同开展的，而并非对整体情况，如表 4.13 所列。

表 4.13　根本原因分析示例

	《纳恩-麦克科迪法案》突破	开发合同增长异常值
问题	近期《纳恩-麦克科迪法案》重大突破的原因	MDAP 开发合同增长中出现异常值的原因
根本原因	项目初始原因： • 不现实的成本和进度基线估计 • 不成熟的技术、过度生产或整体风险 • 其他 项目执行原因： • 项目执行中遇到的不曾预料到的设计、工程制造或技术集成问题 • 采购数量的变更 • 项目资金不足或不稳定 • 政府或承包商项目管理中的原因 　◆ 系统工程 　　■ 需求管理 　　　➤ 需求文件描述不清 　　　➤ 需求提出、转化和分配存在问题 　　　➤ 资金不能满足所有需求 　　■ 界面和环境管理 　　■ 整体性能属性 　　■ 风险评估 　◆ 合同激励不足 　◆ 态势感知有限 　◆ 未能遵照信息行动 • 其他	• 系统工程问题 • 合同管理问题 • 相比于工作内容，过低地估计了成本 • 返工 • 螺旋、增量或分段开发决策 • 不稳定的工程或系统需求 • 设计、计划变更或重新建设 • 并行方式 • 采办和作战重叠 • 初始为 ACAT Ⅱ 类项目（项目类别发生变更） • 未确定的合同行为
解决方案	• 注重关键框架假设 • 提升系统工程能力 • 注重承包商激励 • 改善项目执行监督	• 以更加严谨的方式进行成本估算 • 注重规划计划

5 注重原因归类分析的智库武器装备
采办绩效评估

美国战略研究中心（CSIS）从 MDAP 入手开展评估，与 PARCA 的评估存在很大的相似性，体现在评估内容和评估指标的设立上，但是 PARCA 的评估内容更加完善，评估指标更加丰富。

兰德公司的评估由多个独立的项目及报告组成。这些项目和报告在不同的时间，采用不同的方法进行研究评估，其中具有代表性的是对项目成本和进度的评估。

5.1 成本上涨原因分摊的 CSIS 评估方法

CSIS 评估与 PARCA 存在相似性，但数据丰富程度和科学性与 PARCA 存在差距。CSIS 评估数据主要有三个来源：SAR 报告、联邦采购数据系统（FPDS）和国防部预算数据文件。与 PARCA 绩效评估类似，CSIS 是从 MDAP 及其合同入手开展评估，但是 PARCA 评估过程中涉及到的历史数据更为全面，CSIS 的工作只涉及评估前一年的数据，因此 CSIS 评估缺少历史横向比较的趋势研究。绩效评估过程中，主要涉及到成本上涨、成本上涨百分比和成本平均上涨百分比，其中成本平均上涨百分比是评估数据的重要体现，相比于 PARCA 绩效评估中的中位数，不能规避异常值对整体数据趋势的影响，科学性上存在一定欠缺，但是对于只通过每项具体指标成本上涨多少来判定绩效好坏的 CSIS 武器装备采办绩效评估来说，运用成本平均上涨百分比也是"足够"科学的。2010 年、2011 年 CSIS 绩效评估涉及项目数量和超出预算金额，见表 5.1。

表 5.1 CSIS 绩效评估涉及项目数量和超出预算金额

年份	2010 年绩效评估报告	2011 年绩效评估报告
MDAP 数量	85	92+12 个被取消项目
超出预算	2960 亿美元（2008 年）	4200 亿美元（2010 年）
平均超进度	22 个月	22 个月

CSIS 评估二级指标覆盖全面。一级指标包括成本上涨因素、军种部、主承包商、竞争类型及合同类型五个评估指标，二级指标的设置较为全面，具体二级指标的设置如表 5.2 所列。

表 5.2 CSIS 武器装备采办绩效评估指标

一级指标	二级指标
成本上涨因素	<ul><li>项目数量变更</li><li>进度改变</li><li>成本估算</li><li>项目工程</li><li>项目保障</li></ul>
军种部	<ul><li>国防部</li><li>陆军</li><li>海军</li><li>空军</li></ul>
主承包商	<ul><li>波音公司</li><li>诺斯罗普·格鲁曼公司</li><li>通用公司</li><li>洛克希德·马丁公司</li><li>雷声公司</li><li>其他</li></ul>
竞争类型	<ul><li>完全竞争（分为一个投标和至少两个投标）</li><li>部分竞争（分为一个投标和至少两个投标）</li><li>只遵循竞争活动</li><li>未开展竞争</li><li>竞争情况不明确</li></ul>

（续）

一级指标	二级指标
合同类型	• 固定价格合同 • 混合型合同 • 成本加成 • 合同类型不明确

CSIS 评估采用成本上涨原因分摊的方法进行评估。成本上涨原因分摊法的思路是将总的成本上涨分摊到每个二级指标上，并以此来评价每个二级指标绩效的相对好坏程度。这种方法的核心是统计每个二级指标对于成本上涨的贡献，通过直观比较成本上涨贡献的多少来对绩效结论做出判断，这与根本原因分析的思路存在一定相似性，但要求每组二级指标可以完整描述与其相关的一级指标。这种方法可以较为容易地发现每一组二级指标中表现不好的指标，从而找出绩效不好的根本原因。

5.2 计划进度和进度拖延并重的兰德公司评估方法

5.2.1 项目计划进度与进度拖延并重的项目进度绩效评估

兰德公司武器装备采办项目进度绩效评估，以项目真实进度模型为基础，主要目的在于评估武器装备项目采办过程中哪些因素对进度产生影响。兰德公司武器装备项目真实时长模型为

项目真实进度=计划进度+计划进度偏离量（项目进度的增长或减少）

从绩效评估的项目真实进度模型可以看出，兰德公司对项目进度评估不仅关注项目的进度增长，同时也对项目计划进度进行评估。评估指标的设立也从该模型出发，一级指标设置计划进度指标、计划进度偏离量指标以及混合型指标（对两个量都会产生影响）。二级指标根据根本原因分析结果进行设置，将影响计划进度和计划进度偏离量的因素进行了罗列，并根据这些因素是否只影响计划进度和计划进度偏离，而将其归入不同的一级

指标中（对二者都影响的因素归入混合型指标中）。进度绩效评估指标如图 5.1 所示，大多数二级指标对于项目进度的影响是双向的，具体是拖延还是缩短进度取决于指标的具体影响。

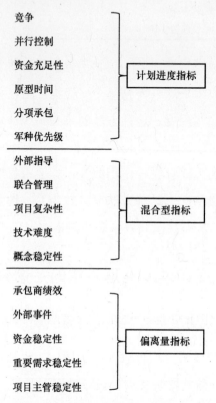

图 5.1 兰德公司武器装备采办项目进度绩效评估指标

兰德公司项目进度绩效评估最关键的步骤是对项目进度数据进行分解。完成这一步骤需要对项目信息有较深入的了解，以确定在项目的每个进度变化时间点是由哪些因素导致，并且进度变化是多少。完成项目进度数据的分解工作后，通过比较每个因素导致的进度变化，再结合定性分析方法，就可以得出相关结论。进度数据分解难度较大，也是兰德公司对项目采办进度绩效评估报告中仅对 10 个项目开展评估工作的原因。

5.2.2　总体项目绩效评估为基础的项目成本绩效评估

兰德公司开展评估的数据来自于公司内部的 SAR 数据库，其相关信息清单见图 5.2。SAR 数据库以国防部 SAR 报告为基础，包含 1968 年以来的所有 SAR 报告信息，涉及美军 2/3 以上的项目，并且对项目基本信息、原型信息、关键时间节点数据、项目成本数据、项目数量信息及项目资金信息进行了标准化处理。成本绩效评估中主要用到了项目成本数据和项目数量信息。

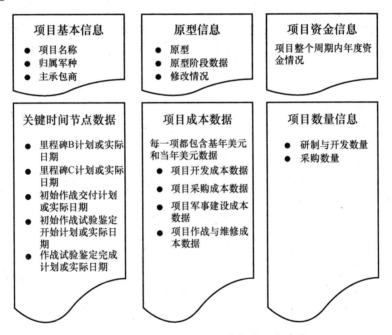

图 5.2　兰德公司 SAR 数据库相关信息清单

项目成本数据包括总成本数据、开发成本数据、采购成本数据和军事建设成本数据。项目成本数据在评估之前需要进行通货膨胀和数量方面的处理，衡量绩效的过程中用到了这些成本数据组的平均值、中位数、标准差及最大小值。

评估指标的设置与评估数据相同，包括开发成本指标、采购成本指标、总成本指标和军事建设成本指标。评估的内容有两部分：指标的统计特性和指标的趋势。统计特性主要是利用柱状图，对不同的成本上涨区间所包含的项目数量进行统计，以此来了解成本上涨程度的大致分布情况。成本上涨趋势评估主要是利用散点图来进行分析，纵轴为成本上涨数据，横轴为时间轴，散点图的时间轴类别包含项目里程碑 B、里程碑 C 开始时间及里程碑 B 和里程碑 C 与最终 SAR 报告之间的间隔时间，由此可以反映出项目在不同的开始时间和不同时长之下的成本上涨趋势。

6 美军武器装备采办绩效评估案例分析

案例分析以美军武器装备采办绩效评估的方法为基础，用以案例分析的数据是美军 MDAP 项目的成本、进度和技术性能等数据。通过案例分析，可以对美军绩效评估的主要做法进行验证，并且通过"解剖麻雀"的思想和方法，对美军绩效评估中的规律进行探索。

美军武器装备采办绩效评估案例分析分为两个部分：武器装备采办单一项目绩效评估和武器装备采办总体绩效评估。由于美军采办合同数据难以获取（尤其是合同总体绩效评估需要用到大量的开发合同和生产合同数据），因此没有对合同相关的绩效评估进行案例分析。

6.1 武器装备采办单一项目绩效评估案例

F-35 联合攻击战斗机项目从计划设立之初就备受外界关注。然而随着项目的推进，人们的关注点慢慢由先进的战斗机性能变成了项目成本。近年来，F-35 联合攻击战斗机项目成本不断攀升，饱受诟病，截止 2013 年年底，项目成本达到 3904 亿美元，成为美军历史上成本最高的采办项目，因此对 F-35 联合攻击战斗机项目进行绩效评估具有重大的现实意义。

6.1.1 F-35 联合攻击战斗机项目介绍

F-35 联合攻击战斗机项目起源于美国联合攻击战斗机（JSF）计划。20世纪末，由于 F-22 战斗机成本的不断升高，美国及其盟友认识到只依靠高成本、高性能的战斗机装备军队，对于各国财政来说存在困难，因此设立联合攻击战斗机计划，改变以往各国各军兵种独立研制战斗机的局面，联合美国空军、海军、海军陆战队及英国皇家海军共同研制一种应用范围广、经济可承受性好的低成本战斗机，采用与 F-15、F-16 相同的"高低搭配"的方式在军队列装。为了降低成本、提高生产量，JSF 计划中要求研制的战斗机具有多种类型，以供不同的军种使用。同时 JSF 计划最初设立的目标与 F-16 相同，希望它可以销往多个国家，从而进一步降低成本。JSF 计划中美军需求战斗机类型见表 6.1。

表 6.1　JSF 计划中美军需求战斗机类型

类型	常规类型	常规舰载型	短距起飞垂直着陆型（STOVL）		
适应军种	空军	海军	海军陆战队	空军	英国皇家海军
需求架数	1763	400～500	609	装备 3 个中队	60
单价（1994 年美元）	2800 万	3400 万	3100 万		

　　美国军方不仅在隐身性能、机动性及生存力等方面对 JSF 计划中的战斗机提出了要求，还要求尽可能采取成熟的技术以降低风险，并且零部件通用率需达到 80%以上，使 3 种类型的飞机可以在同一条生产线生产等。JSF 的方案探索阶段，波音公司、洛克希德·马丁公司及麦道公司参与了设计方案的竞争，1996 年波音公司和洛克希德·马丁公司获得了 JSF 验证机的研制合同。两家公司将根据自己的设计方案，分别研制出 3 种类型 JSF 验证机各一架，再进行下一阶段工程与制造开发的合同的竞争[51]。2001 年 10 月 26 日，美军宣布洛克希德·马丁公司代号为 X-35 的验证机赢得了 JSF 的竞争，并与其签订了系统研制与验证阶段合同，生产 22 架完整战斗机，其中 15 架用于试飞。新的战斗机得以命名为 F-35，JSF 计划也正式转化成了 F-35 联合攻击战斗机项目[52]。关键节点与采办程序对应关系见图 6.1。

　　洛克希德·马丁公司在 F-35 项目中遇到了很多问题，其中最突出的是飞机超重问题，尤以短距起飞垂直着陆型战斗机（STOVL，代号 F-35B）问题最为严重。针对这一问题，2004 年国防部做出了对 F-35 项目增加 50 亿美元成本、延期一年的决定，并且给出 4 个解决方案：停止项目重新进行设计；将 STOVL 型战斗机生产安排到最后；首先设计 STOVL 型战斗机；

不对生产顺序进行变更，但不同型别生产之间保留间隙。洛克希德·马丁公司最终选择了最后一种方案，不对生产顺序进行调整。

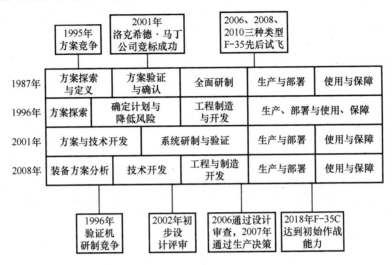

图 6.1　F-35 关键节点与采办程序对应关系

2006 年 12 月 15 日，第一架 F-35A（常规型）进行了试飞，较最开始预计的首飞日期推迟了一年；第二架系统开发与演示机组中试飞的飞机为 F-35B，试飞日期为 2008 年 6 月 11 日；F-35C（舰载型）第一次试飞时间为 2010 年 6 月 6 日，第一架 F-35C 已经于 2013 年 6 月正式交付。

6.1.2　F-35 项目绩效评估数据

支撑 F-35 项目绩效评估的数据包括项目的成本数据、进度数据以及项目知识数据。第 5 章对 GAO 的评估数据来源进行了介绍，但是一些数据难以获取（如项目办公室提供的项目知识数据），案例分析的过程中在保证绩效评估指标体系不变的情况下，通过文献调研，对缺失数据进行弥补。

1. 成本数据

项目成本数据主要从国防部、GAO 发布的报告中获取，包括项目研制和开发成本、采购成本、总成本、项目单位成本及计划采购数量（仅为美军数量）。由于不同年份的报告中将当时的数据换算成了报告年份时的美元价格，因此数据获取的过程中需要对成本数据的美元价格基准进行标注，如表 6.2 所列。

表 6.2　F-35 项目历年成本

数据日期（美元基准年份）	研制和开发成本/百万美元	采购成本/百万美元	总成本/百万美元	项目单位成本/百万美元	计划采购数量
2001 年 10 月（2003）	32788.6	145733.8	180047.0	62.8	2866
2001 年 12 月（2003）	32880.8	147604.7	180485.5	63.0	2866
2002 年 12 月（2004）	36185.9	128860.8	165279.2	67.3	2457
2003 年 12 月（2005）	43.566.3	154854.5	198642.5	80.8	2457
2004 年 12 月（2006）	45021.2	161111.5	206339.2	84.0	2458
2005 年 12 月（2007）	44806.3	178776.6	223795.7	91.1	2458
2006 年 12 月（2008）	45826.0	193652.1	239974.3	97.6	2458
2008 年 9 月（2009）	46840.8	197437.3	244772.1	99.7	2456
2009 年 8 月（2010）	47309.5	199412.8	247221.3	101.2	2443
2010 年 8 月（2011）	53663.1	229467.6	283674.5	115.5	2457
2010 年 12 月（2012）	58387.6	267595.6	326535.2	132.9	2457
2012 年 3 月（2013）	60690.8	271194.8	336124.4	136.8	2457
2013 年 8 月（2014）	61795.8	266469.1	332320.0	135.3	2457
2013 年 12 月（2015）	62000.1	273070.7	338949.6	138.0	2457

2. 进度数据

获取项目进度数据，需要对采办关键节点的日期进行梳理，日期早于统计时间的是已经发生的节点，而日期晚于统计时间的是还没有进行的关键节点，日期为预计日期，通过这些日期之间的间隔，可以得到项目的耗时情况。数据中的项目关键节点包括项目开发开始、低速生产决策、初始能力获得日期、最后采购日期等，见表6.3。

表 6.3　F-35 项目采办关键节点日期

统计时间	项目开发开始（年/月）	低速生产决策（年/月）	初始能力获得日期（年/月）			最后采购日期（年）	其他
			空军	海军	海军陆战队		
2001 年 12 月	01/10	06/04	11/06	12/04	10/04	2026	2001 年项目开发开始时估计
2002 年 12 月	01/10	06/04	11/06	12/04	10/04	2026	
2003 年 12 月	01/10	07/01	13/03	13/03	12/03	2027	
2004 年 12 月	01/10	07/01	13/03	13/03	12/03	2027	
2005 年 12 月	01/10	07/01	13/03	13/03	12/03	2027	
2006 年 12 月	01/10	07/06	13/03	15/03	12/03	2034	2007 年 6 月通过设计审查
2008 年 9 月	01/10	07/06	13/03	15/03	12/03	2034	
2009 年 8 月	01/10	07/06	13/03	15/03	12/03	2034	
2010 年 8 月	01/10	07/06	16/04	16/04	12/12	2035	
2010 年 12 月	01/10	07/06	—			2035	
2012 年 3 月	01/10	07/06	—	—	—	2037	里程碑审查于 2012 年 3 月结束，预计 2015 年 6 月进行初始作战试验
2013 年 8 月	01/10	07/06	16/08	18/08	15/07	—	
2013 年 12 月	01/10	07/06	16/08	18/08	15/07	—	预计 2015 年 7 月进行初始作战试验

注：虚线框内为结算日期。

3. 项目性能数据

由于第一手数据难以获取，因此通过文献调研的方式对一些时间点的项目性能数据进行搜集。

（1）技术成熟度数据

2001 年，F-35 项目开始时，包括 8 项关键技术：短距起飞垂直降落/集成飞行推进控制、故障诊断与健康管理技术、集成保障系统、子系统技术、集成核心处理器技术、雷达、任务系统集成技术及关键制造技术[53]，其中只有 2 项技术接近于成熟度标准。F-35 项目进入开发阶段并没有对 8 项技术的成熟度进行申明，而且直到 2004 年，项目办公室提供的数据显示，技术成熟程度水平与项目开始时并没有明显变化。2006 年 2 月，F-35 项目通过设计审查，但是 8 项关键技术中有 3 项（任务系统集成技术、故障诊断与健康管理技术及关键制造技术）未达到成熟度标准。2007 年 6 月，F-35 项目再次通过设计审查，进入生产阶段（通过生产决策），但是上述 3 项关键技术并未达到成熟度标准。表 6.4 所列为不同年份 F-35 项目关键技术成熟程度情况，由于项目实施过程中，关键技术的细节会发生变化，因此某项技术在某一年的报告中为满足技术成熟程度的技术，但是会在其他年份变为不成熟的技术。

表 6.4 F-35 联合攻击战斗机项目关键技术成熟程度情况

年份	关键技术情况
2005	1 项达到成熟程度标准，而其他技术在设计审查之前无法达到成熟度程度标准
2006	2 项关键技术达到成熟程度标准，4 项接近达到成熟程度标准，2 项与成熟程度标准差距较大
2007	2 项关键技术达到成熟程度标准，3 项接近达到成熟程度标准，3 项未能达到成熟程度标准
2008	5 项关键技术达到成熟程度标准，3 项接近达到成熟程度标准
2009	5 项关键技术达到成熟程度标准，3 项接近达到成熟程度标准
2010	5 项关键技术达到成熟程度标准，3 项接近达到成熟程度标准
2011	4 项关键技术达到成熟程度标准，4 项接近达到成熟程度标准
2012	4 项关键技术达到成熟程度标准，4 项接近达到成熟程度标准

（续）

年份	关键技术情况
2013	4项关键技术达到成熟程度标准，3项接近达到成熟程度标准，1项关键技术不成熟
2014	8项关键技术达到成熟程度标准

（2）设计成熟度数据。

设计成熟度数据是工程图纸完成百分比，针对3种不同的F-35机型，工程图纸完成的进度并不相同，因此每年的设计成熟度数据都包含3个数值，见表6.5。2001年，项目开始时，没有设计成熟度数据。2002年，项目办公室预计在2005年（当时估计时间）的设计审查时，设计成熟度数据能达到80%～90%，基本达到最佳实践值的标准。而2003年的估计中，项目办公室认为2005年设计审查时，针对空军和海军陆战队的STOVL机型设计成熟度可以达到100%，同时针对海军常规舰载机型，设计成熟度可以达到80%。但是直到2006年2月（时间点进行了推迟）设计审查时，STOVL机型设计成熟度为46%，常规机型设计成熟度仅为3%。2006年10月项目办公室宣布，STOVL、常规机型设计成熟度分别达到91%和46%，而在2007年6月的设计审查结束后，STOVL、常规机型和舰载机型设计成熟度数据变为46%、3%和43%。不过依据承包商发布的数据，两个月后这一数据达到了99%、91%和46%。从2008年开始，F-35联合攻击战斗机项目设计成熟度达到最佳实践标准。

表6.5 F-35联合攻击战斗机项目设计成熟度数据

年份	设计成熟度			备注
	短距起飞垂直降落	常规机型	常规舰载	
2001	—	—	—	项目开发开始，未对设计需求和设计本身进行明确定义，导致之后设计发生变更
2002	—	—	—	预计2005年达到80%～90%
2003	—	—	—	预计2005年短距起飞垂直降落和常规机型成熟度达到100%，常规舰载机型成熟度达到80%

（续）

年份	设计成熟度			备注
	短距起飞垂直降落	常规机型	常规舰载	
2004	—	—	—	原定于 2005 年的设计审查，被推迟到 2006 年（推迟 16~22 个月），项目办公室预计届时设计成熟度达到 85%
2005	26%	不足 3%	—	预计 2006 年 2 月设计审查时，短距起飞垂直降落机型设计成熟度达到 75%，常规机型达到 18%
2006 年 2 月	46%	3%	—	设计审查
2006 年 10 月	91%	46%	—	项目官方宣称
2007 年 6 月	46%	3%	43%	设计审查
2007 年 8 月	99%	91%	46%	承包商数据
2008	90%以上	90%以上	90%以上	达到设计成熟度最佳实践，但是工程图纸仍在不断修改
2009	99%	99%	99%	工程图纸仍在不断修改

（3）生产成熟度数据。

2004 年，F-35 项目办公室开始着手生产成熟度评估相关的工作，其中包括生产过程信息搜集、关键特性与关键制造过程的确定等。2005 年项目办公室表示，到 2007 年项目进入低速生产阶段前，都不会发布与生产成熟度相关的数据。2007 年 6 月生产决策时，项目关键制造过程有 10% 达到统计控制状态。F-35 项目生产成熟度数据见表 6.6。

表 6.6　F-35 联合攻击战斗机项目生产成熟度数据

年份	2007	2008	2009	2010	2011	2013	2014
生产成熟度	12%	12%	12.5%	12.5%	24%	25%	不到 40%

6.1.3　F-35 项目绩效评估

1. 项目成本指标评估

利用 GDP 平减指数，将不同年份的成本数据转化为基准年的成本数据。这里选取 2014 年为基准年，可以得到表 6.7 所列的 F-35 项目历年成本。

表 6.7 F-35 项目历年成本（2014 年美元价为基准）

数据日期	研制和开发成本/百万美元	采购成本/百万美元	总成本/百万美元	项目单位成本/百万美元	计划采购数量
2001 年 10 月	40784.0	181270.5	223950.8	78.1	2866
2001 年 12 月	40898.7	183597.6	224496.3	78.4	2866
2002 年 12 月	43660.2	155477.2	199417.9	81.2	2457
2003 年 12 月	50843.0	180719.0	231820.7	94.3	2457
2004 年 12 月	51177.6	183142.5	234554.9	95.5	2458
2005 年 12 月	49695.8	198285.8	248217.7	101.0	2458
2006 年 12 月	49884.7	210803.5	261228.4	106.2	2458
2008 年 09 月	50806.2	214151.6	265493.5	108.1	2456
2009 年 08 月	50418.6	212517.9	263468.3	107.9	2443
2010 年 08 月	56105.6	239912.0	296586.2	120.8	2457
2010 年 12 月	59949.1	274752.1	335267.9	136.5	2457
2012 年 03 月	61454.4	274606.9	340353.4	138.5	2457
2013 年 08 月	61795.8	266469.1	332320.0	135.3	2457
2013 年 12 月	61467.8	270726.1	336039.4	136.8	2457

依据 GAO 对于项目成本指标的评估方法，绩效评估报告将当年的各项成本数据与项目开始时期（2001 年 10 月份数据）进行对比，并且计算其变化百分比，见表 6.8。因此，这里需要对 F-35 项目历年成本相对于项目开始时期的变化百分比进行计算，并依据百分比的大小对每年绩效水平进行衡量。

表 6.8 F-35 项目历年成本上涨百分比（相对项目开始）

数据日期	研制和开发成本	采购成本	总成本	项目单位成本	计划采购数量
2001 年 10 月	0	0	0	0	0
2001 年 12 月	0.28%	1.28%	0.24%	0.32%	0
2002 年 12 月	7.05%	−14.23%	−10.95	3.95%	−14.27%

（续）

数据日期	研制和开发成本	采购成本	总成本	项目单位成本	计划采购数量
2003 年 12 月	24.66%	−0.31%	3.51%	20.72%	−14.27%
2004 年 12 月	25.48%	1.03%	4.74%	22.24%	−14.24%
2005 年 12 月	21.85%	9.39%	10.84%	29.35%	−14.24%
2006 年 12 月	22.31%	16.29%	16.65%	36.01%	−14.24%
2008 年 09 月	24.57%	18.14%	18.55%	38.44%	−14.31%
2009 年 08 月	23.62%	17.24%	17.65%	38.07%	−14.76%
2010 年 08 月	37.57%	32.35%	32.43%	54.59%	−14.27%
2010 年 12 月	46.99%	51.57%	49.71%	74.69%	−14.27%
2012 年 03 月	50.68%	51.49%	51.98%	77.32%	−14.27%
2013 年 08 月	51.52%	47.0%	48.39%	73.21%	−14.27%
2013 年 12 月	50.72%	49.35%	50.05%	75.15%	−14.27%

GAO 武器装备采办绩效评估，只对比当年数据与项目开始时的数据。以 2013 年 12 月数据为例，F-35 项目成本指标绩效评估如表 6.9 所列。

表 6.9　F-35 项目 2013 年成本指标绩效评估

指标类别	2001 年 10 月	2013 年 12 月	增长百分比/（%）
研制和开发成本	40784.0	61467.8	50.72
采购成本	181270.5	270726.1	49.35
总成本	223950.8	336039.4	50.05
项目单位成本	78.1	136.8	75.15
计划采购数量	2866	2457	−14.27

注：项目成本绩效（数据转换为 2014 年美元价，单位为百万美元）

2. 项目进度指标评估

GAO 评估的项目进度指标基于项目采办周期，以项目开始或里程碑 A 节点审查与获得初始作战能力或与此相对的部署时间点之间的月数来进行衡量，因此需要将表 6.3 中节点日期数据转化为项目进度数据。GAO 报告中对 F-35 项目进度数据计算时，以 1996 年 11 月作为计算起始时间（JSF

项目开始时间，2001 年 10 月为项目开发开始时间），由于项目中包含 3 种不同的机型，选取最晚获得初始作战能力的机型来进行计算，F-35 项目进度数据见表 6.10。

表 6.10 F-35 联合攻击战斗机项目进度数据

年份	2001	2002	2003	2004	2005	2006	2007	2008	2009	2010	2011	2012	2013
进度数据/月	185	185	196	196	196	220	220	220	220	233	—	—	261
进度增长/%	0	0	5.9	5.9	5.9	18.9	18.9	18.9	18.9	25.9	—	—	41.1

3. 项目性能指标评估

（1）采用性能指标评估对比图进行评估。

制作产品知识评估对比图时，需要对 F-35 联合攻击战斗机项目中性能指标的成熟度数据进行计算，见表 6.11。

表 6.11 F-35 项目历年成熟度数据

年份	技术成熟度/%	设计成熟度/%	生产成熟度/%
2001	不足 12.5	—	—
2005	12.5	26	—
设计审查	25	46	—
2006	25	91	—
2007	25	99	12
设计审查	62.5	46	12
生产决策	62.5	90 以上	12
2008	62.5	90 以上	12
2009	62.5	90 以上	12.5
2010	62.5	90 以上	12.5
2011	50	90 以上	24
2012	50	90 以上	—
2013	50	90 以上	25
2014	100	90 以上	不到 40

这里选取 2013 年的数据绘制评估对比图，如图 6.2 所示。

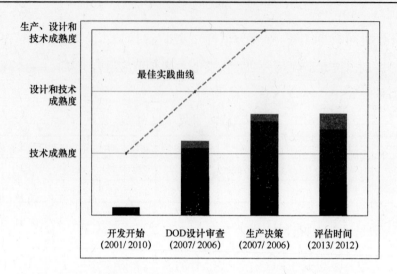

图 6.2　F-35 联合攻击战斗机项目 2013 年性能指标评估对比图

（2）采用项目性能评估表进行评估。

项目性能评估表对技术成熟度、设计成熟度和生产成熟度的一些标准进行罗列，在评估的时间点考察项目是否达到这些成熟度标准的要求。在采用项目性能评估表对 F-35 项目进行评估之前，对项目达到各项标准要求的日期进行归纳，见表 6.12。

表 6.12　项目性能评估表中标准要求实现日期

项目性能情况 截至日期：2015 年 1 月	实现日期
资源需求匹配情况（技术标准）	
相关环节中实现所有关键技术	2014 年达到
真实环境中实现所有关键技术	尚未达到
完成初步设计审查	2007 年 6 月达到
产品设计稳定情况（设计标准）	
超过 90%设计图纸被发布	2007 年达到
完成系统级别集成原型的试验工作	2006 年 12 月达到
生产过程成熟程度（生产标准）	
验证关键生产过程处于受控状态	尚未达到
在试点生产线上验证关键生产过程	2011 年前达到
试验代表性生产的产品原型	2011 年前达到

依旧以 2013 年为评估时间点，产品知识评估表如表 6.13 所列。

表 6.13　F-35 联合攻击战斗机项目产品知识评估表

项目性能情况	
截至日期：	
资源需求匹配情况（技术标准）	
相关环节中实现所有关键技术	○
真实环境中实现所有关键技术	○
完成初步设计审查	●
产品设计稳定情况（设计标准）	
超过 90%设计图纸被发布	●
完成系统级别集成原型的试验工作	●
生产过程成熟程度（生产标准）	
验证关键生产过程处于受控状态	○
在试点生产线上验证关键生产过程	●
试验代表性生产的产品原型	●
说明：● 达到标准　　　○ 未达到标准	
·· 表示不适应　　　· 无数据	

6.1.4　F-35 项目绩效评估结果分析

F-35 联合攻击战斗机由于"世界战斗机"的特殊性，从项目早期就备受外界关注，但是随着项目的发展，其成本的增加和进度的拖延使得项目饱受诟病。从 2013 年的绩效评估结果来看，项目的总成本增长了 50%、单位成本增长了 75%，项目进度增长了 40%。F-35 联合攻击战斗机项目也因此成为美军历史上最昂贵的武器装备采办项目[54]。

F-35 项目费用和进度严重超出项目开始时的预期，与其项目的性能水平有很大的关系。从项目性能指标评估结果可以发现：2001 年项目开发开始时，几乎所有的关键技术都没有达到成熟度标准；2007 年设计审查时，不仅设计成熟度没有达到最佳实践值，关键技术依旧存在没有达到成熟度标准的情况；2007 年项目通过生产决策时，3 项成熟度均没有达到最佳实践值；直到现在，项目的关键制造过程依旧没有 100%达到统计控制状态。这导致 F-35 联合攻击战斗机项目始终处于风险较高的情况之中，不成熟的技术、设计以及生产制造过程造成项目成本和进度的不断增加。

2016 年 1 月，美国防部最新发布的试验鉴定报告中指出：F-35 项目依旧存在多项技术缺陷，导致试验鉴定计划一再被推迟，且 F-35 直到 2022年才能完全达到作战准备要求，届时距洛克希德·马丁 JSF 项目竞标成功已经有 21 年之久[55]。F-35 项目的发展状况，可以从侧面印证评估结论的正确性，然而评估结论的有效性却不是案例分析中能够实现的。

6.2　武器装备采办总体绩效评估案例

武器装备采办总体绩效评估从两个方面出发进行案例分析：一个是项目违反《纳恩-麦克科迪法案》的情况；另一个是项目成本上涨和进度拖延。

6.2.1　《纳恩-麦克科迪法案》突破为基础的评估

《纳恩-麦克科迪法案》针对 MDAP 而设立，该法案根据项目采办单位成本（Program Acquisition Unit Cost，PAUC）超过初始或当前基线的程度，设置了两种不同的突破标准：如果 MDAP 的单位成本超过初始基线 30%或当前基线 15%，则为发生《纳恩-麦克科迪法案》的显著突破，这种情况下，军种部长需要在规定的时间期限内（45 天）向国会提交 PAUC 报告，国防部需要提交包含 PAUC 超支信息的 SAR 报告；如果 MDAP 的单位成本超过初始基线 50%或当前基线 25%，则为发生《纳恩-麦克科迪法案》的严重突破，这种情况下，里程碑决策当局将与负责采办、技术与后勤的副国防部长和联合需求监督委员会一同对项目超支的根本原因进行调查，并做出是否终止项目的决定[56]。

1. 《纳恩-麦克科迪法案》突破数据

表 6.14 所列的《纳恩-麦克科迪法案》突破（不引起歧义的情况下，简称"突破"）情况来自于美国国会研究服务部的报告[57]，相比于 PARCA 的信息来源，表 6.14 所列的数据并非原始数据，但是与 PARCA 报告中数据比对，二者之间不存在差异。

表 6.14　历年突破情况

年份	严重突破		显著突破	
	发生突破的项目名称	数量	发生突破的项目名称	数量
2001	"支奴干"中型运输直升机；H-1 系列直升机升级；化学武器销毁项目；两栖运输舰；F-22；海军战术弹道导弹防御；制导火箭弹；天基红外系统（高轨）	8	B-1B 轰炸机；MH-60R 特种直升机；V-22 "鱼鹰"	3
2002	陆军战术导弹系统	1	"科曼奇"；SSN774 攻击型核潜艇	2
2003	改进型一次性运载火箭	1	F-35	1
2004	CMA 化学武器销毁；CMA 化学武器销毁（纽波特）	2	先进极高频卫星；天基红外系统高轨；"全球鹰"无人机	3
2005	国家极轨作战环境卫星系统；天基红外系统（高轨）；"全球鹰"无人机	3	先进威胁红外对抗系统/通用导弹告警系统；联合防区外空对地导弹 C-130 飞行控制系统现代化改进项目；联合主要飞机训练系统；化学销毁项目；MH-60s 重型直升机；化学销毁项目；远征战车；SSN774 攻击型核潜艇；先进"海豹"潜水载具系统；"大黄蜂"战斗机；F-35；作战人员战术信息网	13
2006	C-130 飞行控制系统现代化改进项目；联合防区外空对地导弹；化学武器销毁项目；联合主要飞机训练系统；远征战车；陆地勇士；作战人员战术信息网	8	蓝军跟踪系统	1

（续）

年份	严重突破		显著突破	
	发生突破的项目名称	数量	发生突破的项目名称	数量
2007	C-5 可靠性增强和更换发动机项目	1	先进极高频卫星；"标枪"导弹；武装侦察直升机；联合战术无线电系统地面电台	4
2008	先进极高频卫星；VH-71 直升机；武装侦察直升机	3	H-1 系列直升机升级	1
2009	先进威胁红外对抗系统/通用导弹告警系；F-35；远程猎雷系统；DDG1000 驱逐舰；宽带全球卫星通信系统；E-2D"先进鹰眼"	7	C-130 飞行控制系统现代化改进项目	1
2010	CWA 化学武器销毁（"阿肯萨斯"）；"亚瑟神剑"精确制导增程炮弹；远征战车；"全球鹰"无人机	4	C-27J 战术运输机；联合对地攻击巡航导弹防御用网络传感器系统增量 1；早期步兵旅战斗队；国家极轨作战环境卫星系统	4
2011	"响尾蛇"；联合对地攻击巡航导弹防御用网络传感器系统；C-130 飞行控制系统现代化改进项目；联合战术无线电系统地面电台	4		0
2012	改进型一次性运载火箭	1		0
2013	联合精确接近和着陆系统增量 1A；垂直起降无人驾驶飞行器	2	机载报警与控制系统；联合战术无线电系统手持、背负型	2
2014	联合防区外武器	1	作战人员战术信息网增量2	1
合计	46		36	

上述信息只能反映不同年份的突破。要对这些项目背后深层次的绩效规律进行探索，还需要进一步发掘其背后隐藏的信息，这些信息包含负责项目的军种、承包商以及项目所属商品种类。这一部分信息来源于 GAO 报告和国防部发布的历年 SAR 汇总报告，更详细的信息如表 6.15 和表 6.16 所列。

表 6.15 严重突破项目详细信息

年份	项目名称	名称或种类	军种	主承包商	商品类别
2001	CH-47F	"支奴干"中型运输直升机	陆军	波音	直升机
	H-1 Upgrades（4BW/4BN）	H-1系列直升机升级	海军	诺斯罗普·格鲁曼	直升机
	Chem Demil-CMA/CSD	化学销毁项目	国防部	化学武器局	化学销毁
	LPD 17	两栖运输舰	海军	亨廷顿英格尔斯	舰船/潜艇
2001	F-22	F-22	空军	洛克希德·马丁	固定翼飞机
	Navy Area TBMD	海军战术弹道导弹防御	海军	洛克希德·马丁	导弹防御
	GMLRS	制导火箭弹	陆军	洛克希德·马丁	弹药/导弹
	SBIRS High	天基红外系统高轨	空军	洛克希德·马丁	C⁴ISR
2002	ATACMS-BAT: BAT P3I	陆军战术导弹系统	陆军	洛克希德·马丁	弹药/导弹
2003	EELV	改进型一次性运载火箭	空军	波音	太空发射
2004	Chem Demil-CMA	化学销毁项目	国防部	化学武器局	化学销毁
	Chem Demil-CMA Newport	化学销毁项目	国防部	化学武器局	化学销毁
2005	NPOESS	国家极轨作战环境卫星系统	空军	诺斯罗普·格鲁曼	卫星
	SBIRS High	天基红外系统高轨	空军	洛克希德·马丁	C⁴ISR
	RQ-4A/B UAS Global Hawk	"全球鹰"无人机	空军	诺斯罗普·格鲁曼	无人机
2006	C-130 AMP	C-130飞行控制系统现代化改进项目	空军	波音	固定翼飞机
	JASSM	联合防区外空对地导弹	空军	洛克希德·马丁	弹药/导弹
	Chem Demil-ACWA	化学销毁项目	国防部	化学武器局	化学销毁
	JPATS	联合主要飞机训练系统	空军	雷声	固定翼飞机
	EFV	远征战车	陆军	通用	陆地战车
	Land Warrior	陆地勇士	陆军	通用	外骨骼
	GMLRS·WIN-T	作战人员战术信息网	陆军	通用	C⁴ISR
2007	C-5 RERP	可靠性增强和更换发动机项目	空军	洛克希德·马丁	固定翼飞机
2008	AEHF	先进极高频卫星	空军	洛克希德·马丁	卫星
	VH-71	直升机	空军	洛克希德·马丁	直升机
	ARH	武装侦察直升机	陆军	贝尔	直升机

（续）

年份	项目名称	名称或种类	军种	主承包商	商品类别
2009	Apache Block III（AB3）	"阿帕奇"	陆军	波音	直升机
	F-35	F-35	国防部	洛克希德·马丁	固定翼飞机
	ATIRCM/CMWS	先进威胁红外对抗系统/通用导弹告警系统	陆军	BAE 系统	导弹防御
	RMS	远程猎雷系统	海军	洛克希德·马丁	舰船/潜艇
	DDG 1000	驱逐舰	海军	BAE 系统	舰船/潜艇
	WGS	宽带全球卫星通信系统	空军	多承包商	C^4ISR
2009	E-2D AHE	E-2D "先进鹰眼"	海军	诺斯罗普·格鲁曼	固定翼飞机
2010	Chem Demil-ACWA	化学销毁项目	国防部	化学武器局	化学销毁
	Excalibur	"亚瑟神剑" 精确制导增程炮弹	陆军	雷声	弹药/导弹
	EFV	远征战车	陆军	通用	陆地战车
	RQ-4A/B UAS Global Hawk	"全球鹰" 无人机	空军	诺斯罗普·格鲁曼	无人机
2011	AIM-9X Block I	"响尾蛇"	海军	雷声	弹药/导弹
	JLENS	联合对地攻击巡航导弹防御用网络传感器系统	陆军	雷声	导弹防御
	C-130 AMP	C-130 飞行控制系统现代化改进项目	空军	波音	固定翼飞机
	JTRS GMR	联合战术无线电系统地面电台	国防部	波音	C^4ISR
2012	EELV	改进型一次性运载火箭	空军	波音	太空发射
2013	JPALS Inc 1A	联合精确接近和着陆系统增量 1A	海军	雷声	舰船/潜艇
	VTUAV	垂直起降无人驾驶飞行器	海军	诺斯罗普·格鲁曼	无人机
2014	JSOW	联合防区外武器	海军	雷声	弹药/导弹

表 6.16　显著突破项目详细信息

年份	项目名称	名称或种类	军种	主承包商	商品类别
2001	B-1B CMUP	轰炸机	空军	罗克韦尔	固定翼飞机
	MH-60R	特种直升机	海军	西科斯基	直升机
	V-22	"鱼鹰"	海军	贝尔	固定翼飞机

（续）

年份	项目名称	名称或种类	军种	主承包商	商品类别
2002	Comanche	"科曼奇"	陆军	波音	直升机
	SSN 774	攻击性核潜艇	海军	诺斯罗普·格鲁曼	舰船/潜艇
2003	F-35	F-35	国防部	洛克希德·马丁	固定翼飞机
2004	AEHF	先进极高频卫星	空军	洛克希德·马丁	卫星
	SBIRS High	天基红外系统高轨	空军	洛克希德·马丁	C^4ISR
	RQ-4A/B UAS Global Hawk	"全球鹰"无人机	空军	诺斯罗普·格鲁曼	无人机
2005	ATIRMC/CMWS	先进威胁红外对抗系统/通用导弹告警系统	陆军	BAE 系统	导弹防御
	JASSM	联合防区外空对地导弹	空军	洛克希德·马丁	弹药/导弹
	C-130 AMP	C-130飞行控制系统现代化改进项目	空军	波音	固定翼飞机
	JPATS	联合主要飞机训练系统	空军	雷声	固定翼飞机
	Chem Demil-CMA	化学销毁项目	国防部	化学武器局	化学销毁
	MH-60S	重型直升机	海军	洛克希德·马丁	直升机
	Chem Demil-CMA Newport	化学销毁项目	国防部	化学武器局	化学销毁
	EFV	远征战车	陆军	通用	陆地战车
	SSN 774	攻击性核潜艇	海军	诺斯罗普·格鲁曼	舰船/潜艇
	ASDS	先进海豹潜水载具系统	海军	诺斯罗普·格鲁曼	舰船/潜艇
	F/A-18E/F	"大黄蜂"战斗机	海军	麦道	固定翼飞机
	F-35	F-35	国防部	洛克希德·马丁	固定翼飞机
	GMLRS	作战人员战术信息网	陆军	通用	C^4ISR
2006	FBCB2	蓝军跟踪系统	陆军	TRW	C^4ISR
2007	AEHF	先进极高频卫星	空军	洛克希德·马丁	卫星
	JAVELIN	"标枪"导弹	陆军	洛克希德·马丁	导弹
	ARH	武装侦察直升机	陆军	贝尔	直升机
	JTRS GMR	联合战术无线电系统地面电台	国防部	波音	C^4ISR
2008	H-1 Upgrades（4BW/4BN）	H-1系列直升机升级	海军	诺斯罗普·格鲁曼	直升机
2009	C-130 AMP	C-130 飞行控制系统现代化改进项目	空军	波音	固定翼飞机
2010	C-27J	战术运输机	空军	洛克希德·马丁	固定翼飞机
	JLENS Inc1	联合对地攻击巡航导弹防御用网络传感器系统	陆军	雷声	导弹防御

（续）

年份	项目名称	名称或种类	军种	主承包商	商品类别
2010	E-IBCT	早期步兵旅战斗队	陆军	波音	其他
	NPOESS	国家极轨作战环境卫星系统	空军	诺斯罗普·格鲁曼	卫星
2013	AWACS Block 40/45 Upgrade	机载报警与控制系统	空军		C⁴ISR
	JTRS HMS	联合战术无线电系统手持、背负型	国防部	通用	C⁴ISR
2014	WIN-T（INC2）	作战人员战术信息网增量2	陆军	通用	C⁴ISR

2. 基于《纳恩–麦克科迪法案》突破的评估结论

PAUC 的增长决定了项目是否发生《纳恩–麦克科迪法案》突破及该突破属于哪一种类型，可表示为

$$C_R = \frac{C_T}{N} \tag{6.1}$$

式中：C_R 为 PAUC；C_T 为项目采办总成本（总成本包含开发成本、采购成本）；N 为采购数量。

（1）按年份进行评估反映出 MDAP 综合绩效持续变好。

利用 Excel 软件，将历年突破数据转换为条形图，并利用软件提供的模型，对数据进行简单的线性拟合，以突出趋势，见图 6.3～图 6.5。

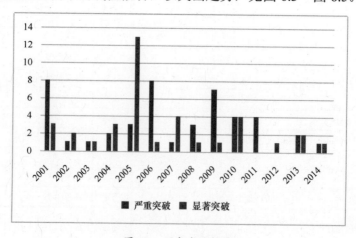

图 6.3　历年突破数量

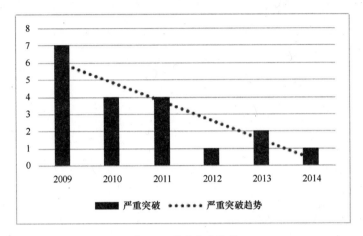

图 6.4 严重突破趋势

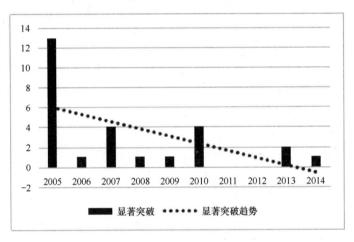

图 6.5 显著突破趋势

图 6.3～图 6.5 反映了 2001—2014 年间的《纳恩–麦克科迪法案》突破数量。根据图示的趋势可以发现：从 2009 年开始，严重突破数量呈减少趋势；从 2005 年开始，显著突破数量呈减少趋势。由此可以反映出近年来，MDAP 总体绩效较好。

（2）国防部和空军需要进一步控制 MDAP 项目采办单位成本。

表 6.15 和表 6.16 给出了 2001—2014 年间发生《纳恩–麦克科迪法案》突破的项目所属军种信息，通过对 SAR 历年汇总报告进行统计，可以得到

2001—2014 年间各军种主要负责的 MDAP 数量，如表 6.17 所列。表 6.17 中同种类型多次突破的项目只计算一次突破次数。

表 6.17　军种突破情况

军种	项目总数	突破次数	突破率	严重突破次数	显著突破次数
陆军	82	17	20.7%	11	6
海军	81	16	19.6%	10	6
空军	71	16	22.5%	12	4
国防部	22	7	31.8%	6	1
合计	256	56	21.9%	39	17

如表 6.17 所列，陆军和海军开展的 MDAP 采办中，发生突破的项目比例较少，而空军和国防部比例相对较高。绩效评估的结果与美军近年来不同军种武器装备采办的方向和实际状况是相符合的。相比于国防部和空军，陆军和海军的 MDAP 偏向于旧装备升级和换代，新技术密集程度较低，因此合理采办的前提下，项目风险较低，产生突破的比例较低；国防部和空军的 MDAP 新技术应用、新装备研发的比例较高，一定程度上增加了项目采办的风险，导致项目采办的过程中产生突破的比例较高。从绩效评估的结果来看，美军未来武器装备采办过程中，国防部和空军的相关部门需要更加注重对项目采办单位成本的控制。

表 6.17 所列的统计结果显示，存在相当数量的多军种联合采办项目发生了突破，联合采办项目相比于普通项目，相同或相似的装备需要适应更多的军种、更加复杂的作战环境，因此装备本身的要求较高，较容易发生研制开发成本上涨，从而影响 PAUC，发生《纳恩-麦克科迪法案》突破。

（3）大部分主承包商突破率相似。

对 2001—2014 年间不同承包商发生突破的情况进行评估，需要了解这一阶段中不同承包商承担的 MDAP 数量。这一部分数据的获取过程较为繁琐，历年 SAR 汇总报告给出了 2001—2014 年间所有 MDAP（共 256 个项目）的除主承包商以外的其他基本信息，而 GAO《选定采办项目》报告中虽然给出了有关 MDAP 项目的主承包商信息，但是并不全面。因此，这部分信息的获取需要结合两份报告及互联网上搜索到的信息来完成。表 6.18 中同种类型多次突破的项目只计算一次突破次数，两种突破都发生过的项目只计算严重突破的次数。

表 6.18　主承包商《纳恩–麦克科迪法案》突破情况

主承包商	项目总数	突破次数	突破率	严重突破次数	显著突破次数
洛克希德·马丁	31	13	41.9%	10	3
波音	36	7	19.4%	5	2
雷声	33	7	21.2%	6	1
诺斯罗普·格鲁曼	35	7	20.0%	5	2
通用	25	5	20.0%	3	2
其他	96	17	17.7%	10	7

如表 6.18 所列，洛克希德·马丁公司的突破率远高于其他几个主承包商，其他主承包商的突破率趋于一致。导致这一结果的原因还需要进一步深入研究，但是不排除由于数据量过少造成的误差。此外，评估过程中由于一些项目的主要承包商信息难以获取，将其统一归入"其他"类别中，这一处理一定程度上也会对统计结果产生影响。

（4）航空器项目突破率较高。

按照商品类别对突破情况进行评估，需要搜集 2001—2014 年间不同商品类别 MDAP 数量，这一部分数据从 PARCA 报告中获取。表 6.19 中同种类型多次突破的项目只计算一次突破次数，两种突破都发生过的项目只计算严重突破的次数。

表 6.19　商品类别《纳恩–麦克科迪法案》突破情况

商品类别	项目总数	突破次数	突破率	严重突破次数	显著突破次数
直升机	15	5	33.3%	5	0
卫星	13	3	23.1%	2	1

（续）

商品类别	项目总数	突破次数	突破率	严重突破次数	显著突破次数
固定翼飞机	27	10	37.0%	6	4
无人机	6	2	33.3%	2	0
地面战车	11	1	9.1%	1	0
弹药/导弹	31	7	22.6%	6	1
C^{4}ISR	52	7	13.5%	3	4
舰船/潜艇	19	6	31.6%	4	2
导弹防御	8	4	50%	3	1

如表 6.19 所列，直升机、固定翼飞机和无人机 MDAP 的突破率较高。从表面上看，3 个类别都属于航空器的 MDAP，但是这 3 类项目突破率高是否存在共性需要借助根本原因分析来进行进一步的研究。不过根据统计结果，采办当局和项目办公室在进行航空器项目采办时，需要额外关注项目的成本情况。

（5）发生显著突破的项目近期很大可能会发生重大突破。

2001—2014 年之间，有 39 个项目发生了重大突破，同时有 32 个项目发生了显著突破，同时发生过两种突破的项目有 15 个。从表 6.20 可以看出：发生过一次突破的项目超过 1/4 的可能性会再次发生不同种类的突破；一年内再次发生不同种类突破的项目数量达到了一半以上。

表 6.20　发生过两种突破项目的数量统计

描述	项目数量	比例	备注
发生过两种突破的项目	15	26.8%	数量及占所有发生过突破项目的比例
发生显著突破一年后发生重大突破的项目	8	53.3%	数量及占所有发生过两种突破项目的比例
发生显著突破三年内发生重大突破的项目	10	66.7%	数量及占所有发生过两种突破项目的比例
先发生重大突破，后发生显著突破的项目	2	13.3%	数量及占所有发生过两种突破项目的比例

如表 6.20 所列，发生显著突破的项目需要更加努力去控制其成本，因为该项目有很大的可能会在近期发生重大突破。这也从另外一个方面说明，发生显著突破之后，采办部门或项目办公室采取的成本降低措施存在一定的问题，需要进行改进。

6.2.2 项目成本和进度为基础的评估

项目成本和进度为基础的评估，以项目成本上涨和进度拖延数据为基础，采用数据决定评估指标和评估内容的思路，分别对隐含在项目成本上涨数据和进度拖延数据中的武器装备采办绩效进行评估。

1. 项目成本和进度数据的搜集与处理

（1）评估数据的搜集。

项目成本和进度数据主要来自于 GAO 历年发布的《选定武器装备采办项目》报告。该报告中的数据包含 4 大类：项目基本数据（包含项目名称、开始时间及主要承包商）、项目开始时成本和进度数据（一般以项目开发开始为时间点）、项目当时成本和进度数据（由于评估工作及报告发布于每年初，因此这一类数据的时间点一般都为报告发布前一年数据）以及项目当时成本和进度数据相比于项目开始时成本和进度数据的变化。其中后 3 类数据中包含的项目成本和进度数据详细类别如图 6.6 所示，每大类数据都包括研制开发成本、采购成本、总成本、单位成本（即项目总成本与采购数量的比值）、采购数量及采办时长。而评估中涉及的具体项目成本和进度数据详见附录 C。

由于 GAO 从 2003 年才开始对重大武器装备采办项目开展绩效评估，因此这一部分的评估数据仅涵盖 2002—2014 年间的项目相关数据，见表 6.21，涉及评估的时间范围较窄。同时，GAO 报告并不完全包括当年所有在进行中的重大武器装备采办项目，评估数据的完整性也存在一定的欠缺。

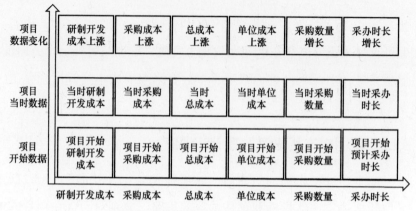

图 6.6　项目成本和进度数据详细类别

表 6.21　评估数据历年项目数量

年份	2002	2003	2004	2005	2006	2007	2008	2009	2010	2011	2012	2013	2014	合计
项目数量	25	38	41	44	49	45	50	39	37	38	36	31	30	503

（2）评估数据的预先处理。

项目成本和进度数据从单一来源获得，数据结构趋于统一标准，但评估数据来自不同年份的报告，因此还需要对数据进行预先处理。由于数据来自不同年份的报告，为了方便比较，以 2014 年美元价为基准对数据中的成本数据进行转化，处理方法详见 4.3.1 节。变化数据是评估中十分关键的一部分数据，通过两年的成本或者进度数据计算得出，一般情况下以项目开始时的数据为变化数据的计算基准，但是也存在一些特例，需要将这部分变化数据的特例转化为与项目其他年份变化数据相同的基准。

（3）变化数据的局限性。

相同项目历年变化数据以相同年份成本或进度数据为计算基准，当需要以每年的变化数据为基础对绩效进行评估时（PARCA 评估中较为普遍的一种思路），需要将变化数据转化为相对于前一年的变化数据（表示这一年中变化的部分），这一转化要求数据集中具备某一项目历年的变化数据，而当其中缺乏某些年份的变化数据时，就无法将项目相关的历年变化数据转化为相对于前一年的变化数据，导致评估的严谨性降低。

2. 基于项目成本和进度数据的评估

（1）美军武器装备采办开发阶段绩效水平将持续良好

基于历年开发成本变化的评估，以每年开发成本变化数据组中的中位数为表征，采用箱线图的形式，对其趋势进行研究，见表 6.22 及图 6.7。从历年开发成本变化箱线图可以看出，从 2002 年开始，成本变化数据的中位数趋势呈正弦曲线形式，从谷值变化到峰值的时间为 3 年左右，目前处于峰值向谷值变化的阶段，预计接下来的时间内，美军武器装备采办开发成本整体水平会呈下降趋势，开发阶段绩效持续良好。

如表 6.23 所列，临近年份的异常值项目大多数相同，出现这种情况的原因是由变化数据的内涵决定的，评估过程中涉及到的开发成本变化数据以项目开发开始为基准，因此当某一年由于成本上涨过多成为异常之后，一般来说接下来的一年成本上涨的情况可能会得到遏制，但是成本并不会降低，因此接下来一年的评估中仍有很大的可能性再次成为异常值。这一部分评估最合适的数据应该是相比于前一年项目开发成本的上涨或与最新基线相比项目开发成本的上涨，但是受限于数据量及数据获取中存在的困难，没有进行相关评估。

表 6.22　箱线图中关键数据数值

年份	最小值	第 1 四分位数	中位数	第 3 四分位数	最大值	异常值个数
2002	−15.7	0.975	25.45	79.4	187.3	2
2003	−8.6	5.675	38.15	93.525	193.3	5
2004	−21.8	2.15	13.7	68.1	115.3	7
2005	−67.7	−0.075	16	45.6	112.8	6
2006	−74	0.35	21.4	58.15	128.4	6
2007	−22.3	4	31.4	88.65	209.3	4
2008	−23.1	1.2	23.3	61.35	150.7	4
2009	−8.9	2.7	24.4	79.8	169.8	2
2010	−17.3	1.4	14.3	55.6	130.1	4

（续）

年份	最小值	第1四分位数	中位数	第3四分位数	最大值	异常值个数
2011	−17.3	2.625	20.2	82.2	174.4	4
2012	−15	1.75	23.4	108.1	176.9	4
2013	−11.6	1.825	21.9	82.975	177.5	4
2014	−29.8	−3.15	25.15	74.525	175.6	2

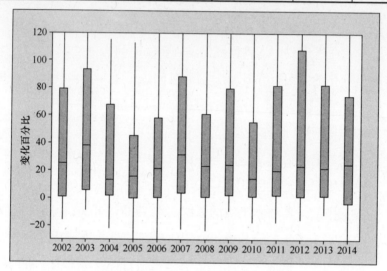

图 6.7　项目历年开发成本变化箱线图

表 6.23　异常值项目

年份	异常值项目名称
2002	EX-171 增程制导导弹、"亚瑟神剑"精确制导增程炮弹
2003	先进"海豹"潜水载具系统、DD（X）驱逐舰、增程制导炮弹、"亚瑟神剑"精确制导增程炮弹、先进威胁红外对抗系统/通用导弹告警系统
2004	"全球鹰"无人机、V-22 联合先进垂直起降直升机、先进"海豹"潜水载具系统、C-5 运输机飞行控制系统现代化改进项目、增程制导炮弹、DD（X）驱逐舰、"亚瑟神剑"精确制导增程炮弹
2005	C-130 运输机飞行控制系统现代化改进项目、"全球鹰"无人机、V-22 联合垂直起降直升机、先进"海豹"潜水载具系统、DD（X）驱逐舰、"亚瑟神剑"精确制导增程炮弹
2006	V-22 联合先进垂直起降直升机、"全球鹰"无人机、DDG1000 驱逐舰、增程弹药、"亚瑟神剑"精确制导增程炮弹、C-130J "大力神"

（续）

年份	异常值项目名称
2007	"全球鹰"无人机、DDG1000 驱逐舰、增程弹药、C-130J "大力神"
2008	C-130 运输机飞行控制系统现代化改进项目、V-22 联合先进垂直起降飞机、"全球鹰"无人机、DDG1000 驱逐舰
2009	V-22 联合先进垂直起降飞机、"全球鹰"无人机
2010	天基红外系统、C-130 运输机飞行控制系统现代化改进项目、"灰鹰"、"全球鹰"
2011	濒海战斗舰-任务组件、濒海战斗舰、DDG 1000 驱逐舰、"全球鹰"
2012	RQ-4A/B "全球鹰"无人机、濒海战斗舰-任务组件、濒海战斗舰、DDG 1000 驱逐舰
2013	MQ-9 无人机系统"收割者"、RQ-4A/B "全球鹰"无人机、濒海战斗舰、DDG 1000 驱逐舰
2014	濒海战斗舰、DDG 1000 驱逐舰

（2）美军武器装备采购绩效水平有待提升。

与研制开发成本相同，采购成本也是武器装备采办过程中占比较大、易于产生波动的一类成本。采购成本与研制开发成本存在差别，采购成本的多少直接由采购数量影响，因此对采购成本的评估应当抛出采购数量对于成本上涨的影响，选用平均采购单位成本（Average Procurement Unit Cost，APUC）。APUC 可表示为

$$C_A = \frac{C_P}{N} \tag{6.2}$$

式中：C_A 为平均采购成本；C_P 为总采购成本；N 为采购数量。

附录 C 给出的项目单位成本为项目采办单位成本（Program Acquisition Unit Cost，PAUC），与此处的平均采购单位成本不同。一般来说，项目采办单位成本要大于平均采购单位成本。PAUC 可表示为

$$C_R = \frac{C_T}{N} \tag{6.3}$$

式中：C_R 为项目采办单位成本；C_T 为项目采办总成本（总成本包含开发成本、采购成本）；N 为采购数量。

从图 6.8 及表 6.24 可以看出，2011—2013 年平均采购成本增长中位数

要低于 2007—2010 年，并且整体增长水平也较低，而 2014 年的数据有所上升，但是从图 6.8 上并不能看出明显的趋势。单从 2014 年的数据来说，美军武器装备采办绩效在平均采购成本的上涨方面有待提高。

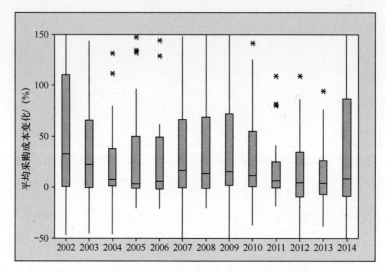

图 6.8 平均采购成本变化箱线图（星号为部分异常值）

表 6.24 箱线图中关键数据数值

年份	最小值	第 1 四分位数	中位数	第 3 四分位数	最大值	异常值个数
2002	−46	0.8	32.6	110.2	154.0	1
2003	−45.2	0	22.6	65.7	143.5	2
2004	−45.4	1.4	8.1	37.6	79.8	5
2005	−20.2	−0.9	3.2	49.7	96.6	5
2006	−20.8	−1.4	6.1	49.5	61.2	5
2007	−71.0	−0.1	17.0	66.3	148.0	4
2008	−20.2	−0.7	13.7	68.9	163.0	2
2009	−58.4	2.0	15.8	72.2	175.8	2
2010	−36.7	1.1	11.6	55.4	125.4	3
2011	−18.2	−0.6	7.0	24.9	40.8	7
2012	−53.4	−9.1	4.9	34.4	86.3	4
2013	−37.7	−6.8	4.0	26.7	75.9	4
2014	−50.4	−8.85	8.5	86.6	206.0	4

（3）美军需要采取措施控制武器装备采办时长的变化。

由于搜集数据的限制，无法针对开发阶段和生产阶段时长变化进行分阶段绩效评估，因此只对采办整体的时长变化进行分析。

从图6.9及表6.25中可以看出，2010年开始采办时长变化量处于变大的趋势，需要采取一定的措施提升武器装备采办进度方面的绩效。在武器装备采办进度拖延时间整体变大的同时，异常值的数量处于减少的趋势（本身数量较少，减少趋势并不十分明显）。

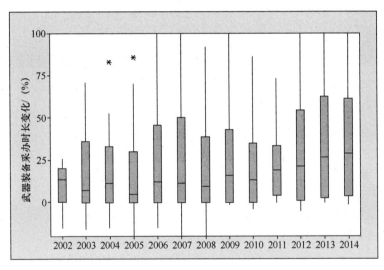

图6.9　采办时长变化箱线图（星号为部分异常值）

表6.25　箱线图中关键数据数值

年份	最小值	第1四分位数	中位数	第3四分位数	最大值	异常值个数
2002	−15.0	0.3	13.7	20.3	25.8	4
2003	−15.7	0	7.3	36.1	70.9	3
2004	−15.0	0	11.2	33.1	52.7	3
2005	−29.3	−0.3	4.7	29.9	70.0	3
2006	−15.0	0	12.2	45.9	112.7	2
2007	−27.4	0	11.2	50.3	107.3	1
2008	−28.6	0	9.4	39.0	92.0	3

（续）

年份	最小值	第1四分位数	中位数	第3四分位数	最大值	异常值个数
2009	−1.4	0	16.0	43.2	107.3	2
2010	−3.8	0	13.3	35.0	86.2	1
2011	0	4.0	18.8	33.4	73.4	2
2012	−5.1	1.2	21.2	54.6	127.3	1
2013	0	2.5	26.6	62.5	104.3	1
2014	−1.3	3.75	29.0	61.3	104.3	2

（4）需要更加注重控制承担项目较少的主承包商成本上涨。

附录 A 的数据以年份为分组标准，转换主承包商分组标准的过程中需要注意相同项目的不同年份数据只保留最新数据的原则，对重复的项目数据进行剔除。同时，成本变化数据和时长变化数据都是相对于项目开发开始进行计算，见图 6.10、表 6.26 及图 6.11、表 6.27。

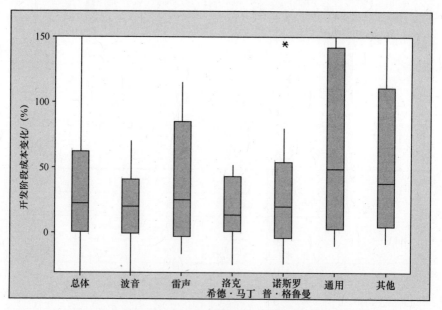

图 6.10　2002—2014 年主承包商开发阶段成本变化箱线图（星号为部分异常值）

表 6.26　主承包商开发阶段成本变化数据比较

	总体	波音	雷声	洛克希德·马丁	诺斯罗普·格鲁曼	通用	其他
项目数量	160	30	25	24	27	19	35
中位数（%）	22.6	20.3	25.6	14.3	20.3	48.9	38.3
异常值个数	19	1	4	2	5	0	2

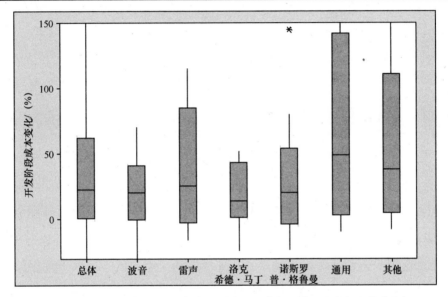

图 6.11　2002—2014 主承包商采办时长变化箱线图（星号为部分异常值）

表 6.27　主承包商采办时长变化数据比较

	总体	波音	雷声	洛克希德·马丁	诺斯罗普·格鲁曼	通用	其他
项目数量	124	22	23	13	19	18	29
中位数/（%）	18.9	7.3	22.4	33.0	30.4	28.3	18.8
异常值个数	6	4	1	0	0	0	3

　　从各个主承包商角度来看，波音、洛克希德·马丁、诺斯罗普·格鲁曼三家公司的成本变化中位数低于总体水平，而通用公司成本变化中位数远高于总体水平，相比于其他主承包商绩效水平较差。但是通用公司异常值个数最少，与其他主承包商异常值横向比较可以发现，通用公司成本变化特别严重的项目较少。整体上看，波音、雷声、洛克希德·马丁以及诺

斯罗普·格鲁曼这些承担武器装备采办项目较多的主承包商，在开发阶段成本变化的控制上，要好于承担项目较少的其他主承包商，也就是说武器装备采办经验丰富的承包商开发成本方面绩效水平较高。

项目时长变化的统计分析中可以看出，雷声、洛克希德·马丁、诺斯罗普·格鲁曼和通用公司的采办时长变化要高于总体水平，只有波音公司采办时长低于总体水平，但是波音公司有最多的异常值。而采办时长变化整体方面得出的结论与之前的开发成本变化结论恰好相反，承担武器装备采办项目较少的其他承包商的采办时长的控制上要好于承担项目较多的主承包商，武器装备采办经验丰富的承包商开发成本方面绩效水平较低。

6.2.3 项目总体评估结果分析

美军近年来武器装备采办绩效持续良好，主要体现在 MDAP 综合绩效持续变好和开发阶段成本上涨逐年降低，但是在项目的采购成本上涨和时长拖延方面，绩效并不理想。上述的结论较为宏观，要得出提升武器装备采办绩效的具体建议，需要结合其他评估结果，进行更进一步的分析。

1. 联合采办和航空器项目需更加注重采办过程中的最佳实践

从统计结果来看，联合采办和航空器项目成本上涨较为严重，绩效水平较低。导致这种情况的原因与这两类武器装备采办项目的特点有密切的关系。

为推进各军种之间装备的互联互通、提高联合作战能力、节约功能相近的武器装备重复采办的费用[58]，近年来美军不断出台相应的政策，设立相关职能机构、官员，完善和推行武器装备联合采办的模式。一般情况下，联合采办由国防部或多军种联合实施研制和生产，联合采办的武器装备具有通用性强、功能相近的特点。而为了实现具有差异的作战环境中可以使用同一种武器装备，往往联合采办项目相对于非联合采办来说对技术、设计和生产要求较高。

航空器项目这里仅包括固定翼飞机、直升机和无人机项目。军用航空器对于现代战争的重要性不言而喻，不同的军种、不同的作战类型都对军用航空器有极大的需求，而且随着未来战争形态的发展，航空器尤其是无人机在作战中扮演的角色将会越来越重要，因此航空器的发展水平已经成为彰显一个国家军事实力、经济实力、科技实力的重要方面。同时，航空器项目中存在大量换代和新研制的项目，采办的过程中对技术、设计和生产的要求也更高。

因此，联合采办项目和航空器项目采办的过程中需要尤其注意技术、设计和生产的最佳实践。

2. 设立合理项目估算、采取成本控制措施减少纳恩·麦克科迪多次突破

《纳恩-麦克科迪法案》突破分为两种类型的突破：显著突破和严重突破。统计结果显示，发生《纳恩-麦克科迪法案》显著突破的项目，有很大的可能性在近期再次发生《纳恩-麦克科迪法案》严重突破。

《纳恩-麦克科迪法案》突破与项目的采办项目基线有直接的关系，采办项目基线是判断是否发生《纳恩-麦克科迪法案》突破的基础依据。美军《国防采办指南》规定，国防部需要在每个 MDAP 正式启动时为其设立一个原始项目基线[59]，只有当 MDAP 发生重大调整、全速生产开始（里程碑节点审查）以及发生《纳恩-麦克科迪法案》严重突破时，才会对原始项目基线进行修改，否则项目的当前基线将保持与初始基线相同。因此，在项目基线不发生变化的情况下，大多数项目在发生显著突破之后会再次发生严重突破，证明项目发生显著突破之后并没有采取特别有效的措施来控制项目成本的进一步上涨。而当项目发生《纳恩-麦克科迪发案》严重突破后较少再次发生突破，很大一部分原因是项目基线的修改，其中项目成本控制措施实施效果值得怀疑。

根据美国国会众议院预算委员会的研究报告，《纳恩-麦克科迪法案》突破的根本原因在于不切实际的成本估算[60]。因此，减少《纳恩-麦克科迪

法案》突破数量可以从源头入手，在项目正式启动的时候，为项目设置合理的成本基线。同时，对项目进度、性能和将面临的风险的正确估计，也会减少项目采办过程中不必要的成本上涨，因此项目原始基线设立的时候，相关人员不应该盲目乐观，应当客观、公正地设立基线。

3. 推行更优购买力提升武器装备采办进度绩效

2010 年，在美军调低国防预算增长速度的背景下，美国国防部提出"更优购买力"的倡议，目的在于"花更少的钱，办更多的事情"。同年9 月发布的《更优购买力：提升国防经费使用效率与效益指南》指出，美军武器装备采办应当精简无效的采办管理环节[61]。2015 年 4 月发布的"更优购买力 3.0"报告指出，精简无效采办管理环节，应当在明确采办管理系统的职责、职权的基础上，减少周期时间、精简文件需求、简化人员审查以及摒弃附加于工业部门的非生产性需求[62]。

"更优购买力"采办策略的推行，可以从基础上减少武器装备采办项目采办时长，节约采办过程中的经费和人力，推动武器装备采办项目实现更加高效的采办。同时，精简无效的采办管理环节，有利于采办项目启动时，项目管理机构做出正确、合理的项目进度估计，避免采办过程中项目超期带来的负面影响，规避严重超期导致项目取消的风险（陆军的未来作战系统项目由于项目进度严重超期被取消）。

4. 扩充承包商以往业绩信息库，加强主承包商监管工作

美军从 1997 年开始实施承包商以往业绩评估工作，并且着手构建承包商以往业绩信息管理系统，承包商以往业绩是承包商综合能力和置信度的重要衡量因素，旨在通过承包商以往业绩评估信息及评估结果的积累，提高武器装备承包商选择的可靠性，降低承包商违约出现的可能性[63]。承包商以往业绩评估主要依据承包商承担的合同的技术、进度、成本控制和管理信息开展评估，该合同一般为已经结束的合同，且不限于武器装备采办合同。大多数情况下，承包商以往业绩评估结果以书面形式上交承包商选

择小组，并且录入以往业绩信息管理系统，作为承包商早期筛选的参考依据，而当承包商选择进入具体的方案竞争阶段，承包商以往业绩信息发挥的作用就小很多了。

　　将承包商武器装备采办绩效评估的评估结果录入承包商以往业绩信息管理系统，可以弥补承包商以往业绩信息的不足，使评估结果可以在武器装备采办全寿命周期发挥作用。承包商相关的武器装备采办绩效评估以承包商承担的武器装备采办项目和合同为基础，开展分阶段、分类别的评估，可以明确承包商承担武器装备采办项目过程中，哪些时间点、采办哪种类型的装备等会以较大的概率出现什么问题（主要是成本和进度方面的问题），从而使采办管理部门在项目或合同开始之前就能够提前制定计划，预防相关问题的出现，降低武器装备采办过程中的风险，提升武器装备采办绩效。

7 美军武器装备采办绩效评估的综合分析

本章属于情报研究过程中的情报发现环节，以情报学的理论和方法为指导，首先从绩效评估的思路、数据、指标、方法和结果运用等方面，对美军武器装备采办绩效评估的特点进行总结；然后从绩效评估的完善性和管理方面，对美军武器装备采办绩效评估的不足进行分析。

7.1 美军武器装备采办绩效评估的基本特点

在多年的实践中，美军形成了特点鲜明、独特的武器装备采办绩效评估制度，为武器装备采办过程中问题的发现和解决提供了一种特殊的思路和途径，内涵于其中的特点是美军多年来的经验积累。总结这些特点，对于促进和提高我军武器装备采办绩效评估工作，具有重要的参考价值。

7.1.1 评估思路体现评估工作的分工性

美军武器装备采办绩效评估涉及不同机构、不同角度、不同历史时期的评估工作。总结来看，美军武器装备采办绩效评估采用国防部内部评估和外部评估结合、宏观评估和微观评估结合、历史评估和将来评估结合的评估思路，不同机构开展的评估工作互相协调、互补，整个评估工作具有较高的分工性和协作性。

（1）国防部内部评估与外部评估相结合，突出评估目的上的分工。国防部内部评估由 PARCA 开展，国防部外部评估可以分为 GAO 和智库的评估。三种机构性质不同，相互之间评估定位不同，评估出发点和目的也不相同，主要体现在：PARCA 立足于国防部，从武器装备采办直接参与者的角度出发，希望通过绩效评估改进武器装备采办的政策和做法；GAO 立足于问责，从武器装备采办监督者的角色出发，试图通过绩效评估提升武器装备采办经费的利用效率；智库立足于咨询，从客观、公正的第三方角度出发，通过绩效评估为客户提供更优化的决策支撑服务。三种机构基于不同目的，发挥各自机构优势开展评估，分工明确、互相配合。

（2）宏观评估和微观评估相结合，突出评估过程中的分工。评估的宏观和微观相结合主要体现在评估过程当中：GAO 针对单一项目和当前时间点开展绩效评估，而不关注项目总体绩效情况和单一项目历史绩效情况；而 PARCA 和智库，都从项目或合同总体出发开展评估，依据大量数据的统计特性，对某一指标绩效及绩效发展的趋势进行评估。选取宏观绩效评估对象，可以发现武器装备采办宏观政策和制度上存在的不足，关注大局，站位更高；对微观绩效评估对象进行评估，可以得出单一项目采办过程中存在的不足，注重细节，站位更加具体。

（3）历史评估和将来评估相结合，突出评估结果运用的分工。美军武器装备采办绩效评估并不是仅对历史绩效进行评估，而是利用特殊指标对将来绩效进行推测性评估（如 GAO 武器装备采办绩效评估中的项目性能指标），或者利用历史绩效数据对将来绩效发展趋势进行预测性评估（PARCA 和智库武器装备采办绩效评估过程中较多用到这种方法）。通过历史评估与将来评估相结合得出的绩效评估结果，不仅能够了解目前和将来一定时间内导致绩效不佳的因素，而且有利于参与采办的各机构和部门，提前采取预防措施，通过事前预防避免事后补救，节省更多的人力、物力、财力，凸显武器装备采办绩效评估结果的运用价值。

7.1.2　评估数据体现评估工作的严谨性和协作性

（1）评估数据的严谨性体现评估工作的严谨性。评估数据是绩效评估中至关重要的一部分，作为整个绩效评估工作的原始信息基础，所有的评估结果及结论都暗含在评估信息之中。评估数据的丰富程度和完善性，直接决定最终得到的评估结论的完善性，同时评估数据的严谨性也会直接影响整个绩效评估工作的严谨性。利用搜集到的数据构建指标体系，大多数情况下固然会牺牲绩效评估工作的完整性，但利用提前构建好的指标体系去搜集数据，为达到评估结论的完整性而牺牲严谨性，是更不应该发生的。在武器装备采办绩效评估过程中，PARCA 和智库采用评估数据主导的模式，奠定了绩效评估工作严谨的基础；GAO 对缺乏数据的部分一般不做评估，以保证最终评估工作的严谨性。

（2）评估数据的搜集体现各机构在评估中的协作性。作为整个绩效评估工作的输入环节，评估数据的搜集是整个评估过程中最能体现多机构协作的部分，并且这里的协作不仅包括绩效评估机构之间的相互协作，还包括绩效评估机构与其他机构的协作。国防部提供的数据是整个绩效评估数据来源的基础，发布的报告和数据库为 PARCA、GAO 和智库开展成本和进度方面的评估提供了直接数据支撑，同时 GAO 的评估结果又可以作为 PARCA 和智库绩效评估的数据来源，这是评估机构之间的相互协作。可以认为，武器装备采办绩效评估的顺利完成，虽然是评估机构的直接成果体现，但是不能忽视各机构、部门之间相互协作而做出的贡献。

7.1.3 评估指标建立注重多层次因素对绩效的影响

在多数有关绩效评估的研究中，评估指标的建立是最核心的内容，研究人员希望通过普适性的标准和方法，从单一层次因素出发，解决某一领域绩效评估指标建立标准化的问题[64]，由此也衍生出了众多有关绩效评估指标建立的方法。虽然绩效评估是广泛存在于人力资源管理、服务型组织和机构监督等领域的研究课题，但是针对具体的评估对象、评估需求和评估数据，应当采用个性化的评估指标。因此，针对某一个或某一类绩效评估问题，不存在标准的评估指标体系，只存在一定条件下的最优化评估指标体系。武器装备采办绩效评估就是这样一个典型的例子，本书研究的 3 种不同类型的机构，采用不同的评估指标，都能够完成武器装备采办绩效评估。

（1）评估指标综合因素和分解因素并重。美军武器装备采办绩效评估指标体系不仅包括成本和进度指标，同时也包括开发阶段和生产阶段的成本和进度指标。后者是对前者的分解，二者之间存在隶属关系，属于不同层次的指标。同时，武器装备采办绩效评估指标体系还包括项目指标和合同指标，也可以当作不同层次的综合因素和分解因素，但绩效评估过程中没有强调隶属关系，因此这两类指标层次特征明显，但是相互之间没有体系特性。

（2）评估指标原因因素和结果因素并重。从因果链的角度来看，一定的原因导致了特定的武器装备采办绩效，其中原因和绩效都是客观存在的，但是绩效如何、哪些原因以及这些原因如何导致这样的绩效是不明确的，武器装备采办绩效评估实际上就是对上述 3 个问题进行解答的过程。已知条件是疑似原因的集合（有可能包含所有导致结果的原因，但是大多数情况下只能够包含部分原因）和绩效对象的具体表现（并非绩效本身）。具体到武器装备采办绩效评估，原因因素包括武器装备采办的政策、制度、采办工作人员、承包商等，而结果因素包括武器装备采办最终的成本上涨、进度拖延、性能指标等。因此，武器装备采办绩效评估过程是由绩效表现推断绩效情况，并且与原因进行匹配的过程。

7.1.4 评估方法紧扣评估目的，并注重方法改进

（1）评估方法淡化绩效本身，更加关注绩效分析。任何绩效评估工作，得出评估对象绩效好坏的结论都不是唯一目的。部分绩效评估工作最终结果是被评估对象的绩效得分，这样的做法有利于评估组织和机构利用绩效

得分对评估对象进行排序，或者与历史同期进行直观比较；然而更多的绩效评估工作中，得出绩效好坏的结果与得出如何改进绩效不佳方面的结论同样重要。武器装备采办绩效评估中，对于绩效得分的需求更小，因为绩效评估得分结果的横向和纵向比较都没有特别大的意义。从美军开展绩效评估的目的来看，发现绩效不佳的方面并对其进行改进，才是绩效评估的最终目的，这一点在评估方法上体现得尤为明显：从方法上淡化绩效本身，注重绩效的分析研究。根据评估数据和评估指标体系，利用定量方法得到统计分析结果，结合根本原因分析，得出最终的绩效评估结果。但是，评估过程仅根据每个小指标绩效好坏确定该方面是否需要改进，缺少针对指标体系自下而上评估的过程，这也是评估指标相互之间体系性不强的原因。

（2）评估方法在运用的过程中注重改进和更新。从时间的角度看，智库最先开展武器装备采办绩效评估，评估的原始动机是客户需求，并非定期开展，因此评估的模式和方法延续性较差，机制较为灵活。评估方法根据时间和完成评估的小组或个人而异，一般来说在时间差异较大的报告中，评估方法的改进都是革命性的。PARCA 和 GAO 开展武器装备采办绩效评估的时间较短，并且采用每年发布绩效评估报告的模式，评估方法的延续性较强，但是也会进行一些微调式的改进和更新。尤其是 PARCA 到目前为止仅发布 3 份绩效评估报告，评估中还存在较多不成熟的地方，对比 3 份绩效评估报告可以发现，评估方法的改进一直是 PARCA 近年来努力的一个方向。PARCA 评估方法的改进一定程度上反映了评估数据的增加，随着评估数据的进一步丰富，需要运用新的方法或改进的方法来开展进一步的评估。

7.1.5　评估结果运用注重知识积累

武器装备采办绩效评估工作能否取得实际效果，与绩效评估结果运用有很大的关系。美军武器装备采办绩效评估结果的运用可以分为直接运用和间接运用两种类型。

（1）评估结果直接运用和间接运用并重。从评估结果呈现形式来看，GAO、PARCA 和智库最终都是采用评估报告的形式来对评估结果进行发布，这些报告会最终递交给国会、国防部、军种部、项目办公室及其他用户，扮演辅助决策的角色。宏观层面，评估结果可以对采办政策的调整做出贡献，如推动采办制度改革和为实现最佳购买力做出贡献；微观层面，绩效评估结果可以对具体项目进展的调整提出建议，例如通过绩效的评估，预先发现项目运行中存在的潜在风险，从而为项目规避风险做出贡献。评估结果的间接应用可以通过知识积累实现，知识积累是评估已获得结果的积累、形成平台、创造、应用、再积累的循环过程，其中注重知识的共享和交流。例如，GAO 单一项目武器装备采办绩效评估结果转化为 PARCA 的评估数据就是评估结果积累、应用的过程，并且评估中的知识积累不限于评估结果，评估数据的积累也是其中的重要组成部分。

（2）评估结果知识积累的过程中注重信息化手段的运用。评估结果知识积累的过程中数据库等信息管理手段和系统发挥了重要作用。其中 PARCA 的收益值管理核心库是其中最具代表性的数据库，该数据库不仅包含采办收益值管理数据、重大采办项目合同绩效报告以及项目和合同相关数据，还纳入了国防采办信息检索系统，为国会、总统行政管理与预算局及国防部各部门提供信息服务，实现了不同部门之间信息的互联互通。此外，以知识积累闻名的兰德公司，也利用数据库实现武器装备采办绩效评估结果的知识积累。

7.2　美军武器装备采办绩效评估的不足之处

美军武器装备采办绩效评估工作对武器装备采办政策、制度及做法的改进意义十分重大，其创新性的思路、做法和经验有许多值得学习和借鉴的地方。但由于评估开展时间较短，还存在一些不成熟、不完善的地方。

7.2.1 评估完善性存在欠缺

美军武器装备采办绩效评估涉及装备采办工作的各个方面，但是由于评估过程中政策制度、评估对象及评估数据方面的不完善，导致绩效评估工作出现不完整的情况。

1. 政策制度的不完善，制约评估目标的实现

完善的政策制度是武器装备采办绩效评估顺利开展的根本保证，政策为评估工作的开展创造条件，而制度限定评估工作向正确的方向发展。为了更好地实现评估目的，需要有完善、合理、贯穿绩效评估工作始终的政策制度，为武器装备采办绩效评估工作保驾护航。美军武器装备采办绩效评估工作涉及不同的组织机构，这些组织机构开展评估工作所依据的政策制度并不相同，并且一些机构在武器装备采办结果运用的环节缺乏有效的政策制度保障。在评估政策方面，GAO 开展的武器装备采办绩效评估依附于 GAO 形式问责职能的政策；PARCA 立足于国防部，有较好的政策方面的支撑；智库更是缺乏相应的政策来支撑其评估结果的运用。而在评估制度方面，3 种机构都缺乏相应的制度来约束和规范其绩效评估工作。

解决这一问题需要美国国会、国防部和军种部等认识到武器装备采办绩效评估工作的重要性和重要意义，只有能够获得足够的重视，才能得到更大的支持，创造更多的价值，从而进入一种良性循环的状态。因此，各个层次的决策部门应当统一认识，将不同机构开展的评估工作视为一个整体，出台统一的政策制度，为评估的开展和结果运用创造条件。武器装备采办绩效评估是一项复杂的工作，在保证顺利开展的情况下，应当对其实施的细则进行规范。因此，美国国会、国防部和军种部等部门需要出台一系列与评估相关的政策制度，规范不同层次、不同机构的评估工作，加强对评估机构的管理。

2. 评估对象的不完善，限制绩效评估的作用

美军武器装备采办是一项涉及到多领域、多要素、多流程的复杂过程，具体而言：从程序上看，包括装备方案分析、技术开发、工程与制造开发、生产与部署、使用与保障 5 个阶段；从参与主体来看，包括国会、国防部、军种部、政府部门、研究机构、承包商等；从管理职能来看，包括需求制定、资源分配管理、项目管理、合同管理、监督审计、人力资源管理等。从更大的范围来看，武器装备采办政策制度、国家经济大环境、采办人才队伍甚至采办执行官都会对武器装备采办绩效造成影响。理论上，这些因素都可以作为武器装备采办绩效的评估对象；理想情况下，对所有可能影响绩效的因素进行评估最为全面，评估工作的作用能够最大化。然而实际情况下，由于评估的难度、评估的意义与评估投入的权衡以及评估资源等原因的制约，绩效评估工作只能对部分影响武器装备采办的因素进行评估。即便如此，条件允许的情况下，应尽可能多地发掘影响武器装备采办绩效的因素，完善武器装备采办绩效评估工作。

考虑一个因素是否应当作为武器装备采办绩效评估的评估对象，应该从以下两个方面进行考虑：①开展该因素的评估的"性价比"如何；②是否有合适的数据和方法支撑该因素的评估。为回答这两个方面的问题，可对该因素进行预先研究，主要包括开展该因素评估及其评估结果运用的难度、预计评估结果作用和意义，以及支撑评估的数据和方法。

3. 评估数据的不完善，影响评估结果的全面性和准确性

美军武器装备采办绩效评估需要大量运用统计学方法，统计学方法要求最终得出的统计结论要建立于统计数据的基础之上，而且不能超出统计数据限定的范围[65]，因此评估数据的完善程度对评估结果的全面性和准确性影响极大。美军武器装备采办绩效评估数据源头、途径较多，不同类型的评估数据需要从不同的组织机构获取，这种数据获取方式不仅效率较低，多数情况下无法完整获取到所有类型的评估数据，而且对于评估数据量的完整程度也无法保障。评估数据种类的不完善，导致某些方面的评估无法开展，这是导致美军武器装备采办绩效评估对象不完善的主要原因。评估数据量的不完善是指评估数据组中的评估数据部分缺失，这种情况会导致数据组的统计特性与其真实统计特性之间存在偏差，进而造成评估结果出现偏差。

评估数据的完善程度是制约武器装备采办绩效评估的一个很大的因素，解决这一问题的根本方法需要从评估数据获取入手。首先，需要从政策上推进评估数据获取工作，在可能的情况下，建立数据发布机构和评估机构之间的对口联系关系，将目前评估机构主动获取、数据发布机构被动提供的模式变为评估机构主动获取、数据发布机构主动提供的模式，将评估数据获取工作变得更加高效；然后，注重评估数据的筛选和甄别，评估数据的甄别是指对获取到的数据权威性、可靠性和完善程度的甄别，对达不到标准的数据进行果断剔除，保证参与评估的数据组中数据量的完善性；最后，注重评估数据的积累和交流，通过建立数据库对获取到的评估数据进行积累，并且将原始数据及评估处理过的数据通过数据库共享与其他评估、非评估机构进行数据共享和交流，可能的情况下，可采取多机构共建多用途数据库的模式，提升评估数据积累和交流的效率。

7.2.2 评估管理需要进一步加强

管理是一项普遍的社会现象，存在于各行各业之中，同时也是一项十分重要的社会活动，好的管理可以使组织更加高效地完成各项活动，最大化地实现组织目标。美军武器装备采办绩效评估的管理存在分散、不完善、不健全的问题，主要体现在评估的宏观管理、评估数据和结果管理以及评估工作反馈管理等方面。

1. 评估工作缺乏有效的集中统管机制

美军武器装备采办绩效评估工作由不同的机构分别开展，采用分散开展评估的模式，能够保证各个机构根据自身优势与特点，采取最优化的方式实现绩效评估目的，一定程度上增加了评估的整体效率，实现评估范围和对象的最大化。同时，分散开展评估工作，不同机构之间相互影响和制约较少，能够保证各个机构开展的评估工作的自主性和灵活性，有利于绩效评估的客观和公正。然而美军缺乏一个有效的集中统管机制，无法将不同机构的评估工作放到同一个框架下进行统一管理。集中统管的好处主要有：①有利于促进评估工作的进一步规范发展，强化评估的监督审查，保证评估工作的客观公正；②有利于推动各机构之间评估工作的协调合作，在共享评估数据、结果的同时，促进评估方法的创新和改进，同时避免不必要的重复工作，节约评估资源和成本；③有利于推动评估工作的成果转化运用。

集中统管和分散实施相结合的管理模式，可以保证各个机构评估个性的前提下，能够在各机构之间形成合力，推动武器装备采办绩效评估工作更好地发展。要实现这种模式，可以从以下 4 个方面入手：①国会或国防部设置负责集中统管评估工作的机构或办公室，全面负责评估的总体管理工作；②出台相应的政策规定，赋予集中统管机构或办公室一定的监督、审查职权，避免统管机构或办公室出现有名无实的情况；③整合现有评估资源，根据不同机构评估目的对评估工作进行分类管理，对现在没有涉及到而又十分必要的武器装备采办绩效评估方面进行补充，为各绩效评估机构之间的合作、交流创造平台；④制定标准化、规范化的绩效评估基本程序，建立绩效评估成果推广平台，做好与成果应用部门或机构的对口工作。

2. 评估工作缺乏健全的信息资源管理机制

武器装备采办绩效评估是一项将评估数据信息转化为评估结果信息的工作。对于评估工作来说，评估数据信息和评估结果信息对于评估工作开展和评估价值实现有很大的影响。但目前的情况来看，美军整个武器装备采办绩效评估缺乏有效的评估数据和评估结果管理机制，一定程度上影响了绩效评估工作的效率，也制约了绩效评估工作成果的最大化。建立有效的评估信息资源管理机制有以下好处：①通过评估数据信息的资源整合，促进不同机构之间评估数据的交流和共建，提升评估数据获取的效率，避免评估数据搜集过程中的重复劳动；②通过评估结果信息的统一管理，推动评估结果的成果转化，使评估结果有地可用，最大化武器装备采办绩效评估的作用；③通过数据共建模式和成果推广平台，扩大评估影响力，带动评估数据潜在提供者和评估结果潜在用户参与到评估工作中来，推动良性循环。

武器装备采办绩效评估过程中建立有效的信息资源管理机制，有利于评估工作的开展和成果推广。推动评估过程中的信息资源管理需要，评估领导机构和评估实施机构的共同努力，从顶层设计入手，并配合配套机构和平台的建设，具体方案如下：①评估领导部门应当出台相应的政策，鼓励各机构对评估数据和绩效评估结果进行积累和共享，并且出台相应的标准，对数据格式等进行统一，提升数据管理、共享及运用的效率；②设立专门的机构或办公室负责评估中的信息资源建设和管理工作，将数据管理和数据评估工作进行分离，分担评估机构的压力，使评估主体和数据管理主体能够集中力量完成目标；③建立集评估数据搜集、评估数据共享及评估结果运用于一体的数据管理平台，充分发挥信息化手段在评估信息资源管理过程中的优势。

3. 评估工作缺乏有效的内部控制机制

管理的基本过程包括计划、组织、领导与控制等，其中控制是指对被管理对象进行监督、检查，发现被管理对象运转过程中存在的偏差，并且采取必要的措施对这些偏差进行纠正，使其按照原定计划继续运转。美军武器装备采办绩效评估作为武器装备采办中管理控制的一种手段，其本身的管理控制常常被忽略。GAO 和 PARCA 的评估作为国会和国防部工作中的一部分，并不缺乏外部控制机制，但是评估的过程中缺乏针对性的内部控制机制；虽然 GAO 和智库的评估过程存在反馈机制，但是也仅限于用户反馈。由于缺乏有效的控制，评估机构难以认识到评估中存在的失误和不足，对评估结果的正确性产生不利影响；由于评估中缺乏必要的监督和反馈，一定程度上会阻碍评估方法的改进和创新。

武器装备采办绩效评估中建立内部控制机制，需要从以下方面入手：①由评估领导部门成立评估监督机构，对评估工作实施针对性监督，并且设置一定的激励机制（包含正向和反向激励），促使评估能够自发向良好的方向发展，主动规避监督过程中可能出现的问题；②评估过程中增加被评估对象的反馈机制，由于评估过程中涉及承包商、项目办公室等评估对象，它们需要在评估中占有一定的话语权，因此需要建立用户反馈和被评估对象反馈相结合的双重反馈机制，而且可由上述监督机构承担反馈受理的职能；③明确评估中监督和反馈的处理方法，出台相应的政策制度，规定反馈的处理流程和监督中存在问题的处理方式，规范评估的管理控制过程。

8 我军开展武器装备采办绩效
评估的难易程度分析

当前，我国正在进行史上最大规模的国防和军队改革，如何高效、快速地获取高质量的武器装备必然是需要思考和解决的问题，这无疑为我军开展武器装备采办绩效评估创造了条件。考虑到武器装备采办的相似性，可以大胆假设将美军武器装备采办绩效评估的做法引入我军采办中。在此之前，需要对我军开展武器装备采办绩效评估的难易程度进行分析论证。

由于评估对象的特殊性，与个人、组织或项目绩效评估相比，武器装备采办绩效评估复杂程度更高、难度更大，评估的要求也更加严格和苛刻。因此，武器装备采办绩效评估的难易程度分析不应该仅仅局限于绩效评估是否能够开展这一最低标准，而应该力求建立有效、严谨的绩效评估机制。因此，本章将以较高的标准，对绩效评估实现难易程度进行分析。

本章采取局部到整体的思路，对绩效评估的影响因素进行分解，运用分解后的影响因素的权重和难易程度对总体难易程度进行计算。假设武器装备采办绩效评估的影响因素可以分解为因素 A、因素 B 和因素 C，其中 3 个因素权重值分别为 X_a、X_b 和 X_c，容易实现的得分分别为 Y_a、Y_b 和 Y_c，难以实现的得分分别为 Z_a、Z_b 和 Z_c，按照式（8.1）所示的矩阵运算，对容易实现得分 F_1 和难以实现得分 F_2 进行计算，其中：当 F_1 大于 F_2 时，表示实现较为容易；当 F_1 小于 F_2 时，表示实现较难。

$$\begin{pmatrix} X_a & X_b & X_c \end{pmatrix} \cdot \begin{pmatrix} Y_a & Z_a \\ Y_b & Z_b \\ Y_c & Z_c \end{pmatrix} = \begin{pmatrix} F_1 & F_2 \end{pmatrix} \qquad (8.1)$$

具体分析步骤如下：首先对影响因素进行分解，构建分析指标体系；然后运用层次分析法确定指标权重，以此为基础，通过模糊综合评价法对指标难易程度得分进行计算；最后对结果进行分析，判断绩效评估实现的难易程度。其中，层次分析法和模糊综合评价法的运用过程都需要以专家调查法为基础，调查问卷、调查详情及结果可以参阅附录 B。

8.1 分析数据的获取和指标体系的建立

支撑分析的评估数据可通过专家调查的方法获得。评估数据包括两个部分：层次分析法所需数据，用以支撑指标权重确定，通过层次分析法对指标重要性进行两两比较，比较的数值结果就是该部分数据；难易程度数据，用以与权重数据结合，计算最终的实现难易程度得分，通过采用模糊综合评价法，专家依次对指标的难易程度进行模糊评价，每个指标每个难易程度得到专家认同的数量就是该部分数据。

评估数据通过专家对指标的评价获取，为同时获得两部分数据，需要在一份调查问卷中建立两套指标体系：层次分析法指标体系和模糊综合评价法指标体系。为保证层次分析法得到的指标权重可以运用到模糊综合评价法中，两套指标体系中的指标需要具备一一对应的关系。从对武器装备采办绩效评估影响的角度出发构建层次分析法指标体系，其中：顶层指标是武器装备采办绩效评估的总体影响指标；中间层指标是包括科学性、全面性、有效性、易行性和延续性的影响指标；对中间层指标进一步细化得到 21 个底层指标。将上述 21 个底层指标转化为实现难易的描述方式，得到 21 个用以描述绩效评估实现难易程度的指标，这样可以保证两套指标体系的一一对应关系，并利用评估政策、评估组织机构、评估手段方法、评估基础条件以及评估人才队伍对这些指标进行归类，得到模糊评价法指标体系。实现难易程度分析指标体系如表 8.1 所列。

表 8.1 实现难易程度分析指标体系

层次分析指标			模糊综合评价指标（与层次分析指标——对应）	所属类别（模糊综合评价指标体系类别）
顶层	中间层	底层		
绩效评估总体影响指标	科学性	是否具有分工明确的评估组织机构	建立分工明确的评估组织机构	评估组织机构
		评估队伍是否专业	组建专业的评估队伍	评估人才队伍
		评估软、硬件基础是否全面、有效	评估软、硬件基础的全面性和有效性	评估基础条件
		评估数据是否准确	评估数据的准确性	评估手段方法
		评估指标是否合理	评估指标的合理性	评估手段方法
		评估方法是否恰当	评估方法的科学性	评估手段方法
		是否存在评估结果反馈机制	建立评估结果反馈机制	评估政策
绩效评估总体影响指标	全面性	是否针对多个武器装备采办阶段开展评估	针对多个采办阶段开展绩效评估	评估政策
		每个采办阶段的评估能否获得全面的评估数据	评估数据的全面性	评估手段方法
		评估指标能否充分利用评估数据内涵的信息	评估指标的全面性	评估手段方法
	有效性	评估机构的立场和层次	评估机构具有较高的地位层次	评估组织机构
		评估机构的独立性	保证评估机构的独立性	评估组织机构
		是否有政策推动绩效评估开展	出台绩效评估开展的推动政策	评估政策
		是否有政策支持评估结果运用	出台绩效评估结果运用推动政策	评估政策
		绩效评估是否及时	评估数据获取的及时性	评估手段方法
	易行性	评估数据是否容易获取	评估数据获取的容易程度	评估手段方法
		评估方法是否简单有效	评估方法的易行性	评估手段方法
		评估数据搜集过程是否具备信息化手段	评估数据搜集过程采用信息化手段	评估基础条件
		评估结果运用过程是否具备信息化手段	评估结果运用过程采用信息化手段	评估基础条件
	延续性	绩效评估能否定期开展	定期开展绩效评估	评估政策
		是否具有评估人才引进和培养机制	建立评估人才引进和培养机制	评估人才队伍

8.2　指标权重的确定

指标权重的确定需要以层次分析法评估数据为基础。层次分析法评估数据通过隶属于相同高一层次指标相互之间重要性对比得到,这一过程通过问卷调查的方式实现。

层次分析法评估数据的获取,需在层次分析法指标体系的基础上构建指标重要性两两判断矩阵。表 8.2 所列为重要性两两判断矩阵示例,其中 B_1、B_2、B_3 表示隶属于 A_1 的 3 个指标,矩阵中的值(由专家打分确定)b_{ij} 表示第 i 个指标与第 j 个指标相比的重要程度标度,b_{ij} 数值依据表 8.3 中的比例标度进行确定(该标度为层次分析法通用标度)。

表 8.2　重要性两两判断矩阵示例

指标(A_1)	B_1	B_2	B_3
B_1	b_{11}	b_{12}	b_{13}
B_2	b_{21}	b_{22}	B_{23}
B_3	b_{31}	b_{32}	b_{33}

表 8.3　层次分析法两两判断矩阵比例标度

标度 b_{ij} 值	说明
1	重要性相同
3	前者比后者稍微重要
5	前者比后者明显重要
7	前者比后者极其重要
9	前者比后者强烈重要
2、4、6、8	上述相邻判断的中间值
倒数	两个指标相比,后者比前者更加重要

层次分析法中的重要性两两判断矩阵具有如下特点:①两两判断矩阵

中对角线上的标度恒为 1；②b_{ij} 与 b_{ji} 互为倒数；③因素重要性具有传递关系，即 $b_{ij} \cdot b_{jk} = b_{ik}$。这些特性的存在使得仅需要知道相邻指标之间的重要性比例，就可推断出整个判断矩阵，而在实际问卷调查过程中需要专家对所有指标的两两重要性进行判断（而不仅是相邻指标），导致调查数据和理论数据存在不一致的地方，因此在层次分析法评估数据的处理之前，需要对其一致性进行检验，检验结果合格才能进行下一步操作。

当判断矩阵阶数大于 2 时，需使用式（8.2）对两两判断矩阵的一致性进行检验，当满足式（8.2）中的关系时，说明矩阵具有满意的一致性，平均随机一致性数值见表 8.4。

$$\left(\frac{\lambda_{\max} - n}{n-1} \right) / RI < 0.1 \tag{8.2}$$

式中：$\lambda_{\max}$ 为矩阵的最大特征值；n 为矩阵阶数；RI 为平均随机一致性指标。

表 8.4　平均随机一致性指标数值

矩阵阶数	3	4	5	6	7
RI 值	0.58	0.90	1.12	1.24	1.32

根据层次分析法，两两判断矩阵最大特征值对应的特征向量归一化后的结果就是该指标的权重向量[1]。根据上述方法，分别确定中层指标对顶层指标的重要性权重以及底层指标对中层指标的重要性权重，并通过运算得出最终底层指标对顶层指标的重要性权重，并根据不同专家打分得到的权重值，采用求平均的方法得出最终的权重。专家调查中共有装备采办管理研究领域的 10 名专家对该问题进行打分，由于一致性检验的原因，最终有 8 名专家的评分结果可用，权重结果如表 8.5 所列。

---

① 利用云算子网站计算矩阵特征值及特征向量，网址为 http://www.yunsuanzi.com/matrixcomputations/solveeigd ecomp.html。

表 8.5 权重结果

顶层	中间层	底层	权重
总体难易程度	科学性	是否具有分工明确的评估组织机构	0.0271
		评估队伍是否专业	0.0681
		评估软、硬件基础是否全面、有效	0.0272
		评估数据是否准确	0.0676
		评估指标是否合理	0.0597
		评估方法是否恰当	0.0574
		是否存在评估结果反馈机制	0.0309
	全面性	是否针对多个武器装备采办阶段开展评估	0.0610
		每个采办阶段的评估能否获得全面的评估数据	0.0566
		评估指标能否充分利用评估数据内涵的信息	0.0572
	有效性	评估机构的立场和层次	0.0379
		评估机构的独立性	0.0401
		是否有政策推动绩效评估开展	0.0630
		是否有政策支持评估结果运用	0.0615
		绩效评估是否及时	0.0408
	易行性	评估数据是否容易获取	0.0341
		评估方法是否简单有效	0.0374
		评估数据搜集过程是否具备信息化手段	0.0243
		评估结果运用过程是否具备信息化手段	·0.0313
	延续性	绩效评估能否定期开展	0.0879
		是否具有评估人才引进和培养机制	0.0358

8.3 难易程度得分的计算

难易程度得分指标可由模糊综合评价法计算得到，具体过程如下：

（1）利用容易实现、难度一般、较难实现和难以实现 4 个标度对模糊综合评价指标实现的难易程度进行划分，供专家判断。

（2）确定模糊综合评价的权重矩阵和评价矩阵。总体权重矩阵 A_0（包含所有因素的权重值，为 1×21 矩阵）利用层次分析法中得到的权重值进行构建，矩阵中的数值为对应的权重值，其中评估政策、评估组织机构、评估手段方法、评估基础条件以及评估人才队伍的权重矩阵分别记为 A_1、A_2、A_3、A_4、A_5。总体评价矩阵 R_0（包含所有因素的 4 种评价结果，为 21×4 矩阵）中的数据表示认为该指标处于此难度程度的专家数量，其中评估政策、评估组织机构、评估手段方法、评估基础条件以及评估人才队伍对应的评价矩阵分别记为 R_1、R_2、R_3、R_4、R_5。模糊综合评价法专家选取与层次分析法相同，10 位专家评价结果及最终得分如表 8.6 所列。

表 8.6　模糊综合评价结果及最终得分

所属类别	指标名称	容易	一般	较难	难以实现
评估政策	建立评估结果反馈机制	2	6	1	1
	出台绩效评估开展的推动政策	4	5	1	0
	出台绩效评估结果运用推动政策	3	4	2	1
	定期开展绩效评估	7	3	0	0
	针对多个采办阶段开展绩效评估	4	6	0	0
	评估政策部分得分	1.3576	1.3762	0.2169	0.0924
评估组织机构	建立分工明确的评估组织机构	3	6	1	0
	评估机构具有较高的地位层次	2	3	5	0
	保证评估机构的独立性	3	3	2	2
	评估组织机构部分得分	0.2776	0.3969	0.2969	0.0802
评估手段方法	评估数据获取的容易程度	2	4	3	1
	评估数据的准确性	6	3	1	0
	评估数据的全面性	1	2	5	2
	评估数据获取的及时性	3	5	1	1
	评估指标的合理性	6	4	0	0
	评估指标的全面性	2	3	4	1
	评估方法的科学性	4	4	1	1
	评估方法的易行性	6	3	1	0
	评估手段方法部分得分	1.5795	1.4085	0.8171	0.3026

（续）

所属类别	指标名称	容易	一般	较难	难以实现
评估基础条件	评估软、硬件基础的全面性和有效性	2	2	4	2
	评估数据搜集过程中采用信息化手段	2	3	3	2
	评估结果运用过程中采用信息化手段	1	3	3	3
	评估基础条件部分得分	0.1343	0.2213	0.2756	0.1970
评估人才队伍	组建专业的评估队伍	3	4	2	1
	建立评估人才引进和培养机制	2	5	2	1
	评估人才队伍部分得分	0.2759	0.4514	0.2078	0.1039
总得分		3.6250	3.8545	1.8145	0.7763

（3）选取普通矩阵的乘积算法为模糊合成算子，评价得分矩阵 **B** 的计算方法如式（8.3）所示。评价结果及最终得分如表 8.6 所列。

$$B_i = A_i \cdot R_i \qquad (8.3)$$

式中：A_i 为 A_1、A_2、A_3、A_4、A_5；B_i 为得分矩阵；R_i 为 R_1、R_2、R_3、R_4、R_5。

8.4 结果分析

综合考虑影响权重最大的 10 个因素可以发现：评估政策、队伍、数据、指标、方法在评估实现中扮演最重要的角色，并且绩效评估应该针对多个采办阶段开展；按照模糊综合评价法的最大隶属度原则，我军武器装备采办绩效评估实现的整体难易程度为一般，且容易实现与难度一般得分十分接近；评估手段方法达到标准难度较低，评估基础条件达到标准难度较大，其他难度一般。

9 对我军开展武器装备采办绩效评估的启示与建议

9.1 我军开展武器装备采办绩效评估的总体思路设计

结合美军武器装备采办绩效评估的相关做法、特点和不足及我军开展武器装备采办绩效评估的难易程度分析结论，本节提出我军开展武器装备采办绩效评估的思路。下面从评估组织体系的构建、评估对象的确立、评估数据管理模式、评估指标体系的建立、评估程序和方法以及评估结果的运用等6个方面进行介绍。

9.1.1 建立综合管理和分散实施相结合的评估组织体系

我军目前武器装备采办采用多级管理、分阶段执行的机制，即由军委机关、战区机关、军种机关组成的管理层次提出需求，由装备发展部及各军种装备部组成的执行层次负责科研生产及使用保障。一般来说，武器装备采办过程中耗资最多的阶段为科研和生产部分，这两个部分的绩效对武器装备采办绩效影响最为关键，而需求提出阶段由于直接产出较少，对绩效影响不明显，并且难以通过直接的指标对其绩效进行评估，因此我军武器装备采办绩效评估研究中仅对科研和生产阶段的绩效进行分析。

针对这种情况，我军应当建立综合管理和分散实施相结合的武器装备采办绩效评估组织体系：成立中央军委下属的武器装备采办绩效评估综合管理办公室，负责武器装备采办绩效评估工作的总体规划、监督把关以及成果推广等工作；在武器装备采办绩效评估综合管理办公室下成立武器装备采办绩效评估办公室，行使具体的绩效评估职能，分别负责评估科研、生产 2 个阶段的绩效。武器装备采办绩效评估综合管理办公室架构图见图 9.1。

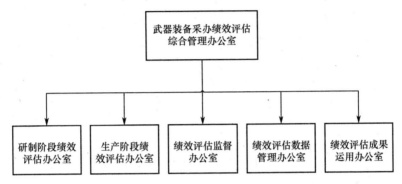

图 9.1　武器装备采办绩效评估综合管理办公室架构图

武器装备采办绩效评估综合管理办公室下设研制阶段绩效评估办公室、生产阶段绩效评估办公室、绩效评估监督办公室、绩效评估数据管理办公室及绩效评估成果运用办公室，其职责主要包括：

（1）协调。协调绩效评估办公室与被评估对象之间的关系，以及不同绩效评估办公室之间的工作。

（2）支持。为绩效评估办公室正常开展工作创造有利条件，可能的情况下为其提供行政、授权等方面的支持。

（3）数据管理。统一管理不同绩效评估办公室的评估数据、评估方法和评估结果。

（4）监督。监督武器装备采办绩效评估办公室的工作，包含评估数据、评估方法及评估结论得出是否科学、规范，并为被评估对象提供评估结果反馈以及申诉的渠道。

（5）成果运用。依据绩效评估办公室的绩效评估结果，督促被评估对象进行相关改进。

（6）评估情况上报。依据绩效评估办公室的报告及工作情况，定期发布总体绩效评估报告，上报中央军委等部门。

研制阶段绩效评估办公室和生产阶段绩效评估办公室的职责主要包括：

（1）绩效评估。负责具体武器装备采办绩效评估工作，包含评估数据搜集、评估方法选用、评估结果得出以及绩效情况原因分析。同时，根据绩效评估的结果及原因，提出提升绩效的建议。

（2）评估上报。依据绩效评估的具体情况，定期发布绩效评估报告，并且将绩效评估报告会同绩效评估过程中的评估数据、评估方法及评估结果上报武器装备采办绩效评估综合管理办公室。

9.1.2 采用分阶段、分层次、分类别的评估对象选取思路

武器装备采办绩效评估对象的选取可以采用分阶段、分层次、分类别的评估对象递进式选取方法：①从评估阶段对评估对象进行限定，我军武器装备采办绩效评估从大的类别上来说分为科研生产阶段评估和使用保障阶段评估，分别由不同的绩效评估办公室负责评估，进一步划分可以分为研制、生产以及保障阶段，以这 3 个阶段对评估对象的选取工作进行初步划分；②武器装备采办中项目和合同情况是武器装备采办绩效的重要体现，因此在不同阶段评估对象的基础上，利用项目和合同对于评估对象选取工作进一步细分，形成分层次的绩效评估对象，例如武器装备研制阶段项目层评估对象和武器装备研制阶段合同层评估对象；③武器装备采办绩效评估最终的目的是寻找采办过程中绩效不佳的因素，因此评估对象选取最终要落到影响绩效不佳的因素上，这些因素包括政策体制、采办参与主体（中央军委、军兵种、承包商等）、商品种类、采办人才队伍等，因此评估对象选取的最后一步是利用这些因素，分类别地选取绩效评估对象。绩效评估对象递进式选取的过程其实是武器装备采办绩效评估影响因素分解、细化的过程。

武器装备采办涉及到的要素较多，评估对象选取时应当依照下述的 4 项原则：①评估对象能够客观、清晰地反映出各阶段武器装备采办的绩效，保证评估对象选取的准确性；②确保存在足够的数据使该对象的评估能够得出较为客观的评估结果，保证评估对象选取的科学性；③评估对象具有较高的评估"性价比"，尽量避免选取评估价值低、评估难度大的评估对象，保证评估对象选取的合理性；④在前三项原则综合考虑的基础上，尽可能扩大评估对象的选取范围，保证评估对象选取的全面性。

9.1.3 形成搜集、积累、共享三位一体的评估数据管理模式

评估数据的管理工作应当由武器装备采办绩效评估综合管理办公室下设的数据管理办公室与绩效评估办公室协同完成，其中：搜集工作由绩效评估办公室根据具体的评估需要进行搜集；积累和共享工作主要由数据管理办公室通过建立统一的数据存储数据库和共享平台来实现。

评估数据的搜集是数据管理的开端，搜集到的数据的科学性和客观性也直接决定评估结果的科学性和客观性。首先，评估数据的搜集应当具有一定的方向性和计划性，需要提前对评估工作的数据需求有一个整体性的把握，避免无用功影响整体工作的效率；然后，数据搜集工作需要对数据来源的权威性进行认真考证，必须保证搜集到的评估数据的真实性；接下来，应当保证某一方面数据的全面性，只有全面的数据才能够真实、完整地反映武器装备采办某一方面的绩效，不完整的数据组应当视情况予以舍弃；最后，建立一定的审查机制，对数据的准确性进行判定，保证绩效评估工作的源头不出现差错。

由于绩效评估工作经常涉及到历年数据的评估比较，因此评估数据积累对绩效评估工作有很大的重要性，并且由于采用相同数据库对数据进行积累，一定程度上可以简化和规范武器装备采办绩效评估工作。同时，数据积累工作不应当只将积累的数据局限于应用于绩效评估的数据，对于绩

效评估可用但尚不足以支撑绩效评估的数据类型也应该进行搜集和积累。此外，评估数据库的用户可不限于绩效评估办公室，应当建立全军统一的共享平台，将积累的数据作用最大化。

9.1.4　构建单一评估与总体评估相结合的评估指标体系

武器装备采办绩效评估指标体系应当依据评估数据和评估对象设立。绩效评估中的数据主要是项目和合同的各方面数据，这些评估数据在时间和类别上具有延续性：几乎所有数据都不是时间上的孤立数据，单一项目或合同数据由不同年份的数据组合而成；每一个项目或合同数据都可以通过一定的分类方式与其他数据进行组合，形成按照一种类别或者多种类别划分的数据组，这些类别划分方式包括年份、军种、承包商、商品种类等。同一种数据在时间维度进行延展，通常用来描述一个项目或合同某项特征不同时间点的状态，适合依据这些数据开展武器装备采办绩效单一评估；同一类别的数据，由不同的项目或合同数据组成，适合依据这些数据开展武器装备采办绩效总体评估。

不论是单一评估还是总体评估，评估指标体系都是评估对象与评估数据综合考量的结果：评估数据划定了评估指标的选取范围，评估对象则决定评估指标具体选取方式。由于无法确定我军开展武器装备采办评估时针对哪些评估对象、拥有多少评估数据，因此仅对评估指标体系建立的思路进行介绍。

（1）单一评估以研制阶段为例，分为对研制阶段单一项目和单一合同评估，见图 9.2。其中，项目成熟度包括技术成熟度和设计成熟度。生产阶段和使用保障阶段单一评估与研制阶段思路类似，只是每一项指标的具体内容并不相同。

（2）总体评估以生产阶段为例，如图 9.3 所示，项目总体评估和合同总体评估依旧存在两类不同类型的指标，其中：总体成本上涨指标和总体进度拖延指标是以时间为评估对象，旨在评估随着时间的变化项目和合同总体的成本上涨和进度拖延趋势；其余指标的评估对象都是指标描述的评估对象，旨在通过对象参与的采办项目和合同的整体情况对其绩效进行评估。

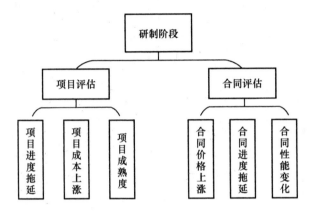

图 9.2 研制阶段单一绩效评估指标设置思路

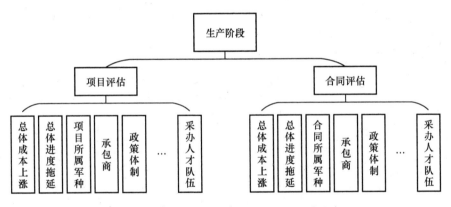

图 9.3 生产阶段总体绩效评估指标设置思路

实际评估过程中，评估指标的设置具有较高的灵活性，不需要拘泥于既定的指标体系，也不需要对评估指标的级别进行划分。武器装备采办过程中，每一个指标都代表了一个评估对象的绩效评估，评估结果的好坏只针对该对象，不需要对武器装备采办整体绩效进行评判。

9.1.5　建立规范化且持续改进的评估程序和方法

合理的绩效评估方法是得出可靠绩效评估结果的保障，规范化的评估流程是合理评估方法的依托，因此绩效评估综合管理办公室应当设置规范化的流程对评估工作进行规范。然而这并不意味着绩效评估过程中需要严格遵照规范化的评估流程，规范化的评估流程指代的是一种较为普遍的思路。绩效评估过程应当以评估工作的共性为基础，同时不能忽视评估工作的特性，在规范化流程的基础上，充分发挥评估工作团队的主观能动性，对评估流程进行调整改进。

我军武器装备采办绩效评估规范化流程如图 9.4 所示，其中由于单一评估和总体评估方法上的差异，两者采用不同的流程开展武器装备采办绩效评估。单一绩效评估过程中，评估数据分析部分采用定量和定性相结合的方法，由于其对单一项目或合同评估的特性，因此得出绩效评估结果的部分采用直接呈现评估数据分析结果的方式；总体绩效评估过程中，评估数据分析主要采用定量分析方法，这是由于参与这部分评估的数据基本都是定量数据，而由于评估过程中对总体特性进行分析，因此得出绩效评估结果的部分需要结合根本原因分析，挖掘隐藏在数据分析结果背后的信息。

相比于评估流程的规范化，评估方法的标准化更加有难度。虽然从美军武器装备采办绩效评估的经验来看，评估工作中采用社会统计学的方法较为合适，但是并不意味着评估方法仅限于此，我军武器装备采办绩效评估应当根据具体的评估对象和评估数据来决定最终的评估方法选用。由于绩效评估工作的复杂性和繁杂性，由绩效评估综合管理办公室设置标准化的评估方法不符合实际，应当采用绩效评估综合管理办公室设置方法标准、绩效评估办公室根据实际问题选取方法的模式，同时选取的过程中综合管理办公室需要对绩效评估办公室进行监督。绩效评估方法标准应当包括：①科学性，即绩效评估方法应有科学性原理支持，并被广泛认可；②贴合性，即绩效评估方法能够贴合所研究的绩效问题；③可行性，即绩效评估方法需要具备较高的可行性，避免难度过大、效率较低。

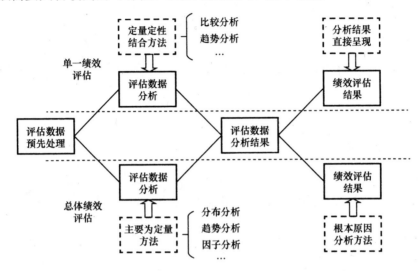

图 9.4　我军武器装备采办绩效评估规范化流程

9.1.6　采用内部提升和外部推动的模式推进评估结果运用

武器装备采办绩效评估结果的运用是绩效评估工作的最后一个环节，也是绩效评估工作发挥影响、实现价值的关键环节。从绩效评估结果的运用范围来说，可以分为 3 个层次的运用：①政策方针层次的运用，即通过武器装备采办项目或合同的总体评估，发现武器装备采办过程中宏观层面存在的问题，从而推动与此相关的政策方针层面的改进；②普遍做法层次的运用，即通过大量单一武器装备采办项目或合同的绩效评估，发掘武器装备采办项目或合同具体执行过程中存在的普遍性问题，从而对采办过程中一些具体的做法做出调整和改进；③具体采办策略层次的运用，即通过具体某一类型武器装备或具体承包商武器装备采办绩效评估，在未来相同或相似情况的采办中，采取针对性的策略提升武器装备采办绩效。

武器装备采办绩效评估结果运用的顺利进行，需要考虑运用过程中的内部要求和外部要求。武器装备采办绩效评估结果需要不断提升自身质量，保证其本身的有效性、合理性以及可执行性，才能在结果运用的过程中发挥更大的作用，这是绩效评估结果运用的内部要求。而结果运用的外部要求方面需要注重：①从政策入手，保障绩效评估结果运用的顺利进行；②不断发掘绩效评估结果的潜在运用价值，扩大绩效评估结果的运用范围；③注重绩效评估结果运用的反馈和积累工作，持续改进绩效评估结果及其运用方式；④评估结果运用不能忽视间接运用，通过支撑其他机构或部门的工作，实现绩效评估结果价值的最大化。

9.2 关于我军开展武器装备采办绩效评估的措施建议

武器装备采办绩效评估是装备采办管理过程中的一个环节，也是一个独立的管理过程，先进的管理思想对绩效评估工作的意义重大，因此我军开展武器装备采办绩效评估的推动措施从管理过程的角度进行展开。一般情况下，管理过程包括 7 个环节：管理规则的确定、管理资源的配置、管理目标的设立与分解、组织与实施、过程控制、效果评价、总结与处理。根据武器装备采办绩效评估的特性，本节以管理过程的规则确定、资源配置、组织实施以及过程控制 4 个环节为基础，从绩效评估政策制度、人才队伍、信息化手段以及激励机制等方面，提出对我军开展武器装备采办绩效评估的措施建议。

9.2.1 出台全面配套的政策制度，保障绩效评估的顺利实施

政策制度是武器装备采办绩效评估的润滑剂，是推动绩效评估工作顺利开展的动力，是协调不同部分、不同组织机构的工作基础，是保证绩效评估工作价值实现的根本保障。全面的政策制度使得武器装备采办绩效工作有章可循、有法可依，是武器装备采办绩效评估开展实施的根

本保障。

（1）出台政策制度，为绩效评估开展提供法规保障。政策制度是管理部门为使管理对象向正确方向发展而提出的法令、措施、条例、计划等。政策制度和武器装备采办绩效评估之间存在着因和果的关系，政策制度从根本上决定了武器装备采办绩效评估工作开展或不开展的问题，因此武器装备采办绩效评估工作的开展离不开相关政策制度的支持。同时，政策制度的外在表现形式包括一些规则制定的法令、条例等，通过其中制定的一些标准和规则，保证绩效评估开展的稳定性，这是武器装备采办绩效评估能够规范化发展的基础。

（2）出台政策制度，为绩效评估实施提供便利。要实现武器装备采办绩效评估的顺利实施，仅靠绩效评估机构的努力是难以实现的，还需要被评估部门和机构的配合以及其他相关部门和机构的合作支持，完善的政策制度是保证这些情况得以实现的重要基础，通过政策制度这一黏合剂，将不同的部门和机构集中到同一个武器装备采办绩效评估的框架之中，形成合力推动绩效评估工作的顺利实施。

（3）出台政策制度，为绩效评估结果运用铺平道路。仅仅得出绩效评估结果并不意味着武器装备采办绩效评估工作的结束，评估结果的运用才是武器装备采办绩效评估的最后一步，同时也是评估工作达到目的和实现价值的重要途径，对整个绩效评估工作意义重大。通过相关政策制度的制定，可以为武器装备采办绩效评估结果的运用创造更加良好的环境基础，并且通过规范评估结果的合理运用，推动绩效评估结果的运用工作，创造更大的绩效评估价值。

9.2.2 采用适当的人才队伍建设思路，保持绩效评估科学合理

武器装备采办绩效评估归根结底是人为的活动。人才队伍是实施武器装备采办绩效评估的主体。合理调配实现人力资源的优化配置，会对绩效

评估管理过程的效率产生极大影响。绩效评估人才队伍的专业水平和综合素质会直接影响绩效评估的合理性和科学性。完善的绩效评估人才引进和培养计划，可为绩效评估带来长效性和延续性上的保障。

（1）设立合理的人才调配制度，实现绩效评估资源的优化配置。如果组织体系是武器装备采办绩效评估工作的骨架，那么人才队伍就是为骨架提供能量、牵动骨架发挥作用的肌肉，只有兼具合理的组织体系和人才队伍才能够保证武器装备采办绩效评估的顺利运转。而人才调配的策略是影响人才队伍合理性的重要因素，合理的人才调配需要充分考虑不同的岗位和职能对人才类型、数量及搭配比例的需求，使得合适的人出现在合适的位置，并且保证协同工作的人能够形成合力，发挥最大的作用。

（2）建设专业的人才队伍，保证绩效评估工作科学、合理。武器装备采办绩效评估数据和评估方法很大程度上决定了绩效评估的科学性和合理性，然而评估数据筛选和评估方法选用的主体都是人，专业、高素质的绩效评估人才队伍是绩效评估工作科学、合理的重要前提。一般而言，并不存在专门的绩效评估人才，需要根据具体评估工作内容来选用绩效评估人才。因此，专业的人才队伍的挑选涉及到对评估工作内容的正确把握，需要提前对绩效评估工作进行预判。

（3）制定完善的人才引进和培养计划，保障绩效评估工作的延续和创新。为保证绩效评估工作高质量、高水平地完成，需要具备完善的人才引进和培养计划，同时随着"新鲜血液"加入到绩效评估工作中，可为绩效评估工作带来创新性的思维和方法。在绩效评估工作开展的前期，人才队伍建设应当以人才引进为主，并根据评估对象的具体要求，合理聘用信誉好、专业强的成本分析、合同审计、项目管理、法律服务等专业人才。在能够保证绩效评估工作正常运转的情况下，人才引进策略应当向人才引进和人才培养并重的模式转变，并依托军队院校相关专业，根据武器装备采办绩效评估实际需要，培养具有军队特色的绩效评估人才。

9.2.3　设立有效的激励机制，推动绩效评估良性运转

激励是管理活动中的重要环节，是指通过一定的刺激激发被管理者的积极性，从而更好地实现管理目标。激励机制的运行模式主要是激励主体和激励客体之间的互动过程，管理活动中一旦形成有效的激励机制，就会从正向或反向内在的作用于管理中的组织系统。武器装备采办绩效评估中引入激励机制，可以激励评估对象和评估人才积极参与到评估工作之中，对于绩效评估结果的运用有极大的推动作用。

（1）设立激励机制，促进评估对象积极参与绩效评估。武器装备采办绩效评估的顺利进行需要评估对象的积极参与，不论是评估数据的获取还是评估结果的运用，都离不开评估对象的配合。通过在绩效评估数据获取环节和评估结果运用环节设置一定的激励机制，可以极大地调动绩效评估对象的积极性，从而推动绩效评估工作顺利开展，并且一定程度上提升绩效评估的意义。但是需要注意的是，并非所有的绩效评估对象都适用激励机制，绩效评估只是武器装备采办工作中的一个环节，激励机制设置时需要注意激励的致弱作用（由于激励本身因素不健全而产生阻碍激励对象积极性的情况），防止顾此失彼、因小失大的情况发生，保证绩效评估对武器装备采办的正向推动作用。同时，激励机制的设置过程中需要注意并非所有的评估对象都适用同一种激励方式，应当根据激励客体的个性问题，针对性地设置合理的激励机制。

（2）设立激励机制，推进绩效评估中的人才引进。合理的激励机制可以督促绩效评估工作人员不断提升自身的工作能力，通过不断的竞争和提升，从人才队伍中筛选出优秀的绩效评估工作人员，而激励机制也有利于留住这部分优秀人才。合理的绩效评估工作人员激励机制一般包括福利待遇和职位提升等，这样的激励机制有利于吸引更多的优秀人才参与到武器装备采办绩效评估工作中。兼顾内部和外部的人才激励机制，有利于促进

绩效评估形成业务水平高、人才良性更替的评估人才队伍。

9.2.4 加强信息化建设，促进绩效评估的高效运行

武器装备采办绩效评估对于信息有极大的依赖性，信息的完整性、及时性、准确性等都会对绩效评估数据获取产生影响，进而影响到最终的绩效评估结果，因此信息的管理是武器装备采办绩效评估工作过程中极为重要的一环。完善的信息化手段可以方便、快捷地实现绩效评估过程中的信息管理，在提高绩效评估效率的同时，可以降低评估工作的成本。由于武器装备采办绩效评估工作涉及较多的敏感信息，信息化手段运用的时候需要首先解决安全性的问题。

（1）加强信息化建设，提升不同部门、机构间的协作效率。不论是绩效评估工作的实施，还是绩效评估结果的运用，武器装备采办绩效评估涉及不同部门、机构之间的合作，通过建立统一的绩效评估沟通平台，可以极大提升不同部分之间沟通交流的效率。武器装备采办绩效评估数据通常来自于不同的信息源，同种类型数据往往具有不同的结构类型，运用信息化手段可以极大方便这些不同来源评估数据的汇总和管理，以更加直观、科学的方式实现评估数据的任意调用，提升绩效评估工作中数据处理环节的效率。

（2）加强信息化建设，扩大绩效评估工作的影响力。武器装备采办绩效评估工作不应当仅把绩效评估结果当做评估工作的唯一成果，评估过程中经过加工处理的评估数据也是极其重要的工作成果，这部分工作成果随着不断地积累和完善，一定程度上价值要大于绩效评估结果的价值。运用信息化手段，建立专门的数据库，为其他有资质的、有需求的机构和部门开放接口，实现评估数据和评估结果的共享，为其他机构和部门的工作提供支撑，促进武器装备采办绩效评估成果的推广，扩大武器装备采办绩效评估工作的影响力。

（3）加强信息化建设，提升绩效评估数据获取效率。武器装备采办绩效评估过程中，可以以评估数据共享数据库为平台，结合互联网思维中的众包思想，在有资质和能力的部门、机构之间小范围地推广绩效评估数据库的共建模式，推动绩效评估机构单方面主动的评估数据搜集模式向绩效评估体系多方面互动式评估数据搜集模式的转变，提升武器装备采办绩效评估的数据获取效率。同时，不同的数据库建设个体可以为该数据库带来更加丰富的功能和内容，而不限于支撑武器装备采办绩效评估工作，可以在武器装备采办领域发挥更大的作用。

附录 A

PARCA 历年武器装备采办绩效评估报告解读

A.1　2013 年武器装备采办绩效评估报告

2013 年 6 月 28 日，美国防部负责采办、技术与后勤的副国防部长办公室发布了首份武器装备采办绩效评估报告。这一份报告是 2009 年成立的采办绩效与原因分析办公室（PARCA）发布的第一份武器装备采办绩效评估报告，致力于通过科学、严谨的方法，寻找与美军武器装备采办绩效相关的因素，并结合客观、真实的数据，对这些相关因素影响绩效的方式和情况进行评估，通过根本原因分析和深度分析寻找导致武器装备采办绩效不佳的原因，再结合定性方法提出改进的措施建议。PARCA 并非武器装备采办绩效评估的开创者，在其成立之前，美国 GAO 和智库就已经开展了武器装备采办绩效评估，但 PARCA 的成立标志着美国防部将武器装备采办绩效评估工作推上了一个新的高度，并且将形成制度化、常态化的机制，周期性地发布评估报告，为美军武器装备采办政策出台、做法改进等提供决策参考。此外，相比于 GAO 和智库开展的绩效评估，PARCA 在数据的充分性、方法的科学性等方面都更有优势。

A.1.1　发布背景

在全球金融危机、美国国防预算逐年削减、强化重大装备采办精细化管理的背景下，美国会要求国防部加强对装备采办绩效的内部评估。奥巴马总统在 2009 年 5 月份签署了新的改革法案——《2009 年度武器装备采办改革法》，要求国防采办部门加强对武器装备采办绩效的内部评估，成立负责武器装备采办绩效评估和原因分析的办公室，定期发布采办绩效评估报告，并从多个角度评估美军武器装备采办系统运行情况和典型重大装备项目绩效情况，提出武器装备采办改革建议。为落实《2009 年度武器装备采办改革法》，2009 年 12 月，美国防部成立了 PARCA，该办公室设立在负责采办、技术与后勤的副国防部长办公室下，是国防部内部实施武器装备采办绩效评估的专职机构。2013 年 6 月，该办公室发布了第一份武器装备采办绩效评估报告，报告基于武器装备采办项目和合同的历史数据，从成本、进度等方面对近 20 年来美军武器装备采办进行客观的分析和评估。

A.1.2　报告内容

2013 年武器装备采办绩效评估报告共 120 页，共分为 4 章。第 1 章是开展武器装备采办绩效评估的背景情况，主要对评估工作和报告的基本情况进行了介绍；第 2 章是采办绩效分析，是报告的主体章节，从成本增长、进度拖延和技术性能等方面对采办中涉及到的项目和合同的绩效进行了分析，并且进一步分析了合同类型、商品类型、主承包商以及参与采办的军方部门对于采办绩效的影响；第 3 章对需要进一步分析的内容进行了说明，指明了 PARCA 未来的发展方向；第 4 章是整个报告的结论部分。报告的主要观点和内容如下。

第 1 章对绩效评估的对象进行了介绍。从参与主体的角度来看，武器装备采办涉及工业部门、军队管理部门、实验室、采办队伍等；而从整个采办周期的角度来看，涉及方案分析、技术开发、工程与制造开发、生产与部署、使用与保障等 5 个阶段。因此，武器装备采办绩效评估涉及到针对多主体在不同的采办阶段的绩效评估，但是由于获取到的数据有限，PARCA 仅针对部分主体在开发和生产两个阶段的表现进行了绩效评估。评估的过程中，主要涉及两个层次的数据：项目层次和合同层次，通过这两个层次成本、进度以及技术性能等数据，对武器装备采办的投入和产出进行评估。需要注意的是，对于每一个不同评估指标的评估，需要选择合适的评估数据。

第 2 章对每项指标开展的绩效评估进行了介绍，主要涉及评估该项指标的数据和评估的结果，评估数据如何获取、如何处理以及评估的具体程序方法，报告中并未涉及。但是，由于整个绩效评估过程中的数据处理都采用成熟的统计学方法，因此可以从数据和呈现出的统计结果来对其所用评估方法进行合理反推。

（一）从项目和合同的成本、进度和性能数据出发，对近年来采办的整体绩效情况进行评估。评估指标包含开发和生产合同成本增长情况、项目开发和生产阶段的成本增长情况、项目的技术性能、重大武器装备采办项目发生《纳恩-麦克科迪法案》突破的情况以及不同采办政策下的合同成本增长。

（1）研发合同成本增长情况严重，生产合同成本增长情况较好。报告对 1992—2011 年间重大武器装备采办项目的研发合同和生产合同的成本增长情况进行了分析，结果表明：90%以上的研发合同存在成本超支的情况，并且超支幅度大多超过了 100%。从时间维度来看，1994—1998 年和 2002—2006 年两个阶段成本增长的现象较为严重；从具体项目维度看，V-22 "鱼鹰" 旋翼飞机、"全球鹰" 无人机和 C-17 运输机改进项目的研发合同成本超支情况及其严重，总成本相比于合同金额增加了 8 倍左右；生产合同成本超支主要发生在 2005 年之前，并且大多数增长幅度小于 50%，而在 2005 年之后生产合同成本上涨的项目数量急剧下降。

（2）对大量项目成本增长数据的统计分析表明：2005 年开始，武器装备采办项目开发阶段的成本增长趋势平缓，生产阶段的成本增长趋势与开发阶段基本相同。对取消项目的情况进行统计分析，陆军官方取消的项目数量最多。通过对 1995—2013 年间陆、海、空三军官方取消未开始生产或者少量生产的项目进行统计分析，可以发现陆军取消项目的数量最多，沉没成本的比例也最大，并且在 2004—2010 年间资金的损失较大，2010 年之后沉没成本的比例急速下降。

（3）重大武器装备采办项目技术性能评估结果良好。报告中采用作战有效性和适用性两个指标对项目的性能进行了评估，其中：作战有效性是指武器系统在预期作战环境中完成任务的总体水平；适用性是指武器系统的安全性、交互操作性、可用性、可维护性以及可靠性的综合评价。报告中对 1984—2011 年的重大武器装备采办项目的技术性能进行了评估，数据显示，近几年作战有效性和适用性指标都有所提升。从军种维度看，陆军装备的作战有效性指标水平最高，海军次之，空军最低；海军装备的适用性指标水平最高，陆军次之，空军最低。从装备类型维度看，卫星系统的作战有效性和适用性最高，均达到了 100%的水平，舰船类装备在作战有效性上的评分最低，C3I 系统的适用性最低。

（4）有关《纳恩-麦克科迪法案》突破的评估表明：1997—2011 年间发生显著突破和严重突破的武器装备类型是直升机和化学武器削减项目。

（5）通过对不同采办执行官任期内的开发和生产合同成本增长的统计分析，报告得出"合同成本增长与当时采办策略有关"的结论。

（二）采用根本原因分析法和深入分析法，结合具体案例，找出造成项目、合同成本和进度增长的因素。

（1）采用根本原因分析的方法，对发生严重《纳恩-麦克科迪法案》突破的重大武器装备采办项目成本增长的因素进行分析。现阶段占主导的因素包括：①管理问题，如系统工程问题、合同激励问题、风险管理问题和态势感知问题；②成本和进度基线估计问题，如项目框架的假设出现问题；③采购数量出现变更。现阶段次要因素包括：①不成熟的技术和过度的制造或集成风险；②不现实的性能预期；③意外的设计、工程、制造或技术方面的问题；④资金不充分或不稳定。

（2）采用专家评判的方法，对 6 个与航天相关重大武器装备采办项目中的所有合同活动进行分析，得出合同成本的增长由工作内容的变更和超出目标成本的增长两部分组成。

（3）通过对现有数据与成本上涨和进度拖延的统计分析（在相关性检测的前提下），可以发现该因素下成本或进度的发展趋势及对绩效的影响。这些数据包括：①成本数据，如总成本增长、工作内容增长、超出目标的成本增长、定时间点的重要工作内容增长、重要的超出目标的成本增长；②进度数据，如进度增长、周期时间、完成百分比、开始日期、趋势；③武器系统复杂性数据；④采办项目或武器装备系统大小数据；⑤合同类型数据，如成本加成合同、固定价格合同、混合型合同；⑥武器系统类型，如航空母舰（包含旋翼飞机和无人机）、舰船、太空类项目、发动机、导弹、炸弹、地面战术车辆等；⑦军事部门数据，如陆军、海军、空军、国防部（联合类项目）；⑧主承包商数据。

（三）针对上述提到的数据类别，从开发和生产两个阶段出发，对其与成本和进度增长的统计规律进行了呈现。

（1）通过对 1992—2011 年间开发合同成本增长相关因素进行统计分析发现：工作内容增加 1%，总合同成本上升 1.03%；航空母舰相关的合同，会是总合同成本增长 22%；意外的合同活动，会给合同总成本带来 7%的增长；陆军的导弹合同，会给合同成本带来 30%的增长；舰船类合同出现意外的合同活动，会给合同成本带来 41%的增长。开发合同的 7 种模式分别为管理情况较好、不成熟情况下启动、不成熟情况下启动且估算较差、后期增加工作、后期增加工作且估算较差、估算较差、管理较差。通过对不同合同类型的成本上涨情况的统计分析，发现统计相关性并不明显。

（2）对 1970—2011 年间开发合同周期时间的统计分析得出，合同平均基础时长为 5.2 年，假如合同开始于 1980 年则要增加 0.9 年的时间、工作量增加带来 0.4 年的时间增长、成本超过预期带来 0.3 年的时间增长、意外合同行为带来 0.3 年的时长增长,而空间系统和航母会分别带来 1.7 年和 2.5 年的合同周期增长。从商品类别来看,航母和空间系统的开发周期时间分别从 20 世纪 80 年代和 90 年代开始出现显著的增长,而其他商品类别的武器系统开发周期时间在 1995 年之后呈现缩短的趋势。

(3)通过对 1970—2011 年间早期生产合同的成本增长数据的统计分析发现:工作内容增加 1%,合同成本增长 1.07%;进度增长 1%,合同成本增长 0.09%;与陆军相关的合同,合同成本会增加 12%。生产合同与开发合同类似,依旧可以划分为 7 种不同的合同模式进行分析,可由此判断不同的因素对合同成本增长的影响:合同类型与生产合同成本增加的统计相关性不明显;意外的合同活动与生产合同成本增长的统计相关性不明显。

(4)对陆军、海军、空军以及国防部(联合类项目)1997—2011 年间的 170 个重大武器装备采办项目进行统计分析发现:联合类项目发生《纳恩-麦克科迪法案》突破的比例最高,为 50%;海军最低,只有 23%。对开发合同周期时间统计分析发现,仅海军 1980 年前/后、空军 1995 年前/后这两组要素与合同周期时间增长有统计相关性。对开发合同成本上涨的统计分析发现,空军总成本增长呈上升趋势,空军工作内容增长呈上升趋势,陆军超出目标的成本呈下降趋势。对开发合同进度拖延的统计分析发现,海军进度增长呈下降趋势。

(5)报告中针对洛克希德·马丁、波音、诺斯罗普·格鲁曼、通用电气、雷声等 5 家主承包商进行了绩效评估,评估基于这些主承包商近年来承担的重大武器装备采办项目及其合同。评估结果表明:开发阶段所有主承包商均存在成本上涨和进度拖延的情况,其中波音公司和洛克希德·马丁公司的成本增长情况最为严重,波音公司的进度拖延情况最为严重。

第 3 章提到这份报告是 PARCA 开展武器装备采办绩效评估工作后发布的第一份报告,仍旧存在很多欠缺,通过评估并不能完整地解决绩效评估的问题，很大程度上造成这种欠缺的原因是评估数据的不完善。此外，报告还提出接下来需要对政策和采办程序进行评估，许多政策出台和采办的程序变更目的是提升武器装备采办的绩效，需要用数据证明这些政策出台和程序改进的有效性。

第 4 章对整个绩效评估工作进行了总结。总体来看，美军武器装备采办绩效近年来呈现改善的趋势，但是可承受性将是未来采办中的最大挑战。同时，报告还指出了竞争措施、风险控制、智能化采办、好的原始基线估算等对采办绩效提升的重要性，同时提出了"项目开始时的好坏对整个项目的绩效有重要影响"和"没有哪一个类型的合同是最好"的观点。

A.1.3　总结

PARCA 绩效评估报告虽然没有对其评估方法和程序进行介绍，但是对报告中的信息进行综合分析，可以发现其评估方法主要是统计分析的方法，并且大多是基础性的单一指标的统计分析，个别情况下还运用了多指标统计分析方法。

PARCA 的绩效评估最大的特点是数据主导评估，评估思路设计、评估指标设立、评估方法的选取都围绕获取到的评估数据而展开。PARCA 评估数据库的基础是项目和合同的成本、进度、技术性能等数据，但是每个数据所包含的信息都具有很强的关联性，例如：某年某项目的成本增长数据，可通过年份与该项目历年数据进行关联，也可通过军队部门与该部门其他项目的成本上涨数据关联，还可通过承包商与该承包商其他项目的成本数据关联，甚至可以通过历史时期与该历史时期其他项目的成本数据关联，等等。正是通过数据的这种关联性质，借助统计分析方法，可以实现成本上涨、进度拖延等数据关联因素的挖掘，从而通过趋势、增长量等具体数值反映出的信息，对武器装备采办的绩效进行评估。

PARCA 的绩效评估思路，使得其开展的评估工作具有极强的科学性，但是全面性方面的保障难以实现，这也是其未来需要努力的方向，即：通过搜集更多的数据，探索更多的评估方向，挖掘更多的绩效影响因素，揭示武器装备采办背后更深层次的发展规律。

A.2　2014年武器装备采办绩效评估报告

2014年6月13日，美国负责采办、技术与后勤的副国防部长签署发布了《2014年度国防采办系统绩效报告》，这是继2013年美国国防部发布首份采办系统绩效报告之后的第二份。报告主要研究了美国重大国防采办项目在成本、进度和性能等方面的采办绩效，通过比较分析可以发现能够有效激励承包商控制"拖、降、涨"问题的方法手段。报告的发布将对重大国防采办项目合同类型的选择以及采办政策改革产生积极的影响。

A.2.1　发布背景

为落实《2010年度改进采办法案》，详细透彻地研究总结采办规律，改进采办系统，负责采办、技术和后勤的国防部副部长牵头开展了"国防采办系统绩效评估"活动，并从2013年开始每年发布一份评估报告。评估活动主要围绕以下三个问题展开：①国防采办系统的绩效如何；②哪些指标可以客观衡量国防采办系统的绩效；③评价哪些激励措施可以对采办行为产生积极影响，或确定哪些政策能改善采办系统绩效。报告不以成本作为唯一判定绩效优劣的指标，而是尽量采用客观数据，综合分析采办政策、采办流程、采办队伍和管理能力等对采办绩效的影响。

A.2.2　报告内容

2014年武器装备采办绩效评估报告共126页，共分为4章。报告介绍了所评估的重大项目的背景和项目经费开支情况，并从项目类型、合同类型、各军种部、主承包商等多个角度阐述了国防部不同类型的重大采办项目的绩效情况。PARCA 根据获取到的数据，对成本、进度、合同类型、商品类型、军种部门、主承包商等因素对绩效的影响进行了评估，报告的主要观点和内容如下：

（1）固定价格合同并非真正优于成本补偿合同。报告着重研究不同合同类型和利润分配机制如何影响项目成本、进度和技术性能。在合同类型方面的统计结果显示，固定价格合同在控制成本超支方面表现最优。但是，固定价格合同与成本补偿合同在激励效果上的差别并不具有实际意义，因为固定价格合同多应用于低风险的采办环境中，因此其项目成本也偏低，这并不意味着此类型合同的成本控制能力很强。此外，对于固定价格合同，只有在合同中工作内容和交付成果不变的情况下，其合同价格才会保持不变，而实际情况中通常不具备这样的条件。固定价格合同并不适用于所有采办环境，要根据项目实际情况选择激励手段。

（2）成本加奖励费用合同和总价加奖励费用合同具有很好的激励作用。报告通过统计分析发现，这两种合同类型在控制成本、价格和进度的能力方面优于其他合同类型。由于军方是武器装备的唯一用户，因此，要承担研发系统的技术风险所带来的成本代价。奖励费用的引入，可以使利润与绩效挂钩，控制价格并分享成本节余。

（3）竞争仍然是最有效的激励方式。报告强调了在可行的情况下，竞争仍然是最有效的激励方式和减少成本的途径。数据显示，通过开展竞争而签订的合同在控制研发成本、价格和进度增长方面的绩效优于单一来源合同。但是，报告中的统计数据显示，2010—2013 财年间国防部竞争合同金额的比例逐年下降（分别为 62.5%、58.5%、57.5%、57%），特别是重大国防采办项目的竞争做得不好，尤其是在生产阶段，这是因为对于潜在竞标有很多阻碍，如进入成本、技术能力或基础设施等。因此，必须创造更好的竞争环境和更加开放的系统架构，以便更好地引入竞争。

（4）较高的产品利润和较大的竞争压力有助于缩短研发周期。报告通过分析发现，对产品利润的期望较高，承包商将会尽可能快地完成产品研发。虽然没有定量数据支撑这一结论，但是报告发现存在这样的例子：在产品利润较低的情况下，即使对研发进度有明确的强制性要求，也会出现进度拖延。

A.2.3　影响分析

目前美国正面临巨大的预算压力，且针对美国国家安全和美军技术优势的威胁越来越多，国防部认为改进国防采办系统绩效具有重要意义。这份绩效评估报告的发布，可能会对美军国防采办改革以及采办绩效提升产生如下影响：①引导重大国防采办项目的决策官员能够根据实际采办环境和项目特点选择适宜的合同类型，以最大限度地激发承包商控制"拖、降、涨"问题的积极性；②促使合同签订人员和项目办公室人员在利润和绩效之间建立更加直接的联系，并尽可能快地将研发成果转化为产品；③促使政策制定者反思采办改革措施的实际效果，包括《2009 年度武器装备采办改革法案》、《2010 年度改进采办法案》以及"更优购买力"计划。报告的具体影响如下：

（1）系统评估全军装备采办系统运行的总体情况。美军认为，有效利用预算，防止浪费或滥用纳税人的税款，是采办管理部门的核心责任，因此，采办预算的投入产出情况是衡量采办系统总体绩效的重要内容。在《2014 年度国防采办系统绩效报告》中，PARCA 对当年国防预算支出的详细情况进行了数理统计分析，包括：审计部门提供的各类支出数据；总统预算中的国防预算分配情况；研究、开发、试验与鉴定预算；活动与维持费预算；用于服务采办的预算开支等。此外，评估报告全面分析与评估国防部总合同的分配情况，以及合同利润、价格、费用、进度和性能等总体情况，以此来反映采办预算的产出情况。从 2000 年 1 月到 2013 年 9 月，约 95%的合同已经接近完成，但仍有少部分合同存在进度问题。

（2）针对性地评估装备采办政策的有效性，提出采办改革建议。报告主要从以下方面对采办政策的有效性和采办改革情况进行评估分析：①评估激励机制和政策对装备采办绩效的影响，评估国防部、军种和政府部门的激励措施，如绩效考评指标、奖金、股权和股票等对装备采办项目执行情况的影响。②评估合同政策对装备采办绩效的影响，通过分析不同类型合同的装备采办项目执行情况，考查不同合同类型对装备采办绩效的影响。例如，2014年采办系统绩效评估对比了166份重大采办项目合同，发现固定价格合同在费用增长方面要低于成本加成合同。③评估竞争政策的执行情况及影响。竞争一直被认为是提高采办绩效的最有效手段，评估分析至少2家承包商竞标的重大国防采办项目合同的费用和进度情况，考查竞争如何影响项目绩效。④评估负责采办、技术与后勤的副国防部长和项目主任任期对装备采办绩效的影响，分析两者间的关系。此外，评估工作还关注了采办程序、采办队伍及管理能力、采办改革成效等综合情况。

（3）详细评估典型重大装备项目在采办各阶段的绩效情况。美军实行装备采办项目的分级分类管理，针对采办经费超过21.9亿美元的国防部I类重大采办项目实施采办绩效评估。这是PARCA的工作重点，主要以《纳恩-麦克科迪法案》等法规文件为依据和标准，对选取的重大装备采办项目的费用和进度进行重点分析。PARCA通常按照开发和生产过程等对采办系统费用与进度的绩效情况进行评估，包括合同费用、价格和进度的增长情况，以及合同费用与合同价格对比分析等。例如，从重大国防采办项目的历史数据看，约1/3的项目至少出现过一次费用严重超支（超支比例超过15%），其中陆军最为严重。

（4）针对重大装备项目成本超支和进度拖延进行根源分析。在评估项目绩效的同时，PARCA还从不同角度对成本上涨与进度拖延的原因进行分析，包括近期项目费用增长与先期研究的关系分析、军事部门与承包商相关管理制度对合同费用与进度的影响分析等。例如，对F-35项目进行评估后发现成本超支的原因主要有：机身质量被严重低估、劳动率低下等项目管理存在过失，导致单位平均成本增加了 23%；重新设计的尝试使项目成本进一步增加 26%；量产进度拖延、采购量降低，以及国防部的财务制度造成了另外 5%的成本超支。

A.3 2015 年武器装备采办绩效评估报告

PARCA 是美国防部依据《2009 年度武器装备采办改革法》，于 2009 年 12 月成立的隶属于负责采办、技术与后勤的副国防部长办公室的机构。PARCA 每年发布评估报告，根据重大武器装备采办项目的总体运行情况，对美军武器装备采办绩效进行评估，深入分析其中存在的问题及产生这些问题的根源，提出与绩效相关的武器装备采办改进建议和措施。截至目前，PARCA 共发布了 3 份年度评估报告：第一份年度报告发布于 2013 年 6 月份，报告对历史和近期数据进行了分析，侧重点在于找出哪些因素会对武器装备采办绩效产生影响，在评估指标、评估内容和评估方法方面为后续的工作奠定基础，为接下来的工作指明方向；第二份报告于 2014 年 6 月份发布，在第一份报告的基础上增加了新一年的数据，同时还引入了对采办政策的有效性探讨的部分，着重分析了不同类型合同的费用和进度增长情况，以及激励机制对武器装备采办绩效的影响；第三份绩效评估报告发布于 2015 年 9 月份，与 2014 年报告的更新类似，不仅更新了与绩效评估相关的数据，并且从更大的范围内对影响武器装备采办产出的因素进行了分析，评估内容方面有一定的扩充。

A.3.1 数据更新后的统计趋势与往年评估保持一致

数据的更新体现在将新报告发布之前一年的有关项目和合同的数据加入到评估工作中。例如，PARCA 武器装备采办绩效评估涉及的数据主要来自于 SAR 报告，2015 年发布的绩效评估报告中增加了 2014 年 12 月份 SAR

报告中的数据。虽然 2015 年绩效评估报告增加了新的数据，但是绩效评估数据反映出的统计特性趋势与之前报告中基本一致。部分数据反映出的统计特性表明美军武器装备采办绩效情况较好，项目级数据方面主要体现在：①大部分重大国防采办项目（MDAP）的开发和生产资金在减少；②生产阶段，原始基线后的总 MDAP 项目资金增长放缓；③MDAP 开发和生产资金两年度变化放缓；④2000 年以来，MDAP 采办单位成本下降；⑤《纳恩-麦克科迪法案》突破比例下降；⑥重大自动化信息系统（MAIS）采办周期中位数减小。美军武器装备采办绩效较好的反映在合同级数据方面，主要体现在：①从 2009 年开始，越来越多的合同处于价格负增长状态；②合同目标成本和周期时间处于下降趋势；③小企业参与程度和竞争比例升高。然而依旧有部分评估指标表明，美军武器装备采办依旧存在问题：总的 MDAP RDT&E 资金依旧在上涨；MAIS 资金增长的中位数也处于上升状态。

A.3.2　内容的扩充涵盖多个方面

PARCA 发布的 2015 年绩效评估报告中，武器装备采办绩效评估部分内容相比于之前的报告更加充实，并且评估的思路也更加条理和清晰，包括从总体、开发阶段和生产阶段三个角度对武器装备采办的成本和进度绩效进行评估；从军种部和主要承包商入手对机构的绩效进行评估；依据有限的数据对 MDAP 的技术绩效进行评估；同时将之前报告中与 MDAP 合同价格增长相关的评估内容进行了整合，形成了新的关于 MDAP 合同绩效评估的部分。2015 年绩效评估报告增加了关于合同绩效评估、采办政策分析、采办人才队伍评估和承包商利润分析的内容。

1. 合同数据中的异常值成为武器装备采办绩效评估分析对象

2015 年绩效评估报告增加了对于异常值的分析和评估。PARCA 武器装备采办绩效评估的定量化评估方法中社会统计学方法占了很大的比重，对于样本数据来说，不论是成本上涨数据，还是进度拖延数据，都存在一定数量的异常值，虽然异常值的存在不能反映绩效的总体情况，但是由于样本数据量本身有限，而这些异常值又代表了真实存在的项目或合同，因此不能忽视。报告中仅对出现在 MDAP 开发合同成本增长数据中的异常值进行了分析，通过对 2014 年底 SAR 报告中的数据进行分析，119 份 MDAP 开发合同中有 27 份合同属于成本上涨数据的异常值。报告中列出了导致异常值存在的 11 项因素，并且分析了每个异常值存在的原因，并从商品种类的角度对开发成本上涨异常值合同的整体情况进行了评估。报告分析发现 29 个异常值出现在 9 个商品种类中，其中 UAV 和首制舰中各存在 6 个异常值合同。

2. 采办政策分析侧重采办改革和预算情况对采办产出的影响

2014 年 PARCA 报告增加了对采办政策评估的部分，2015 年报告中这一部分则侧重于采办改革和预算情况对采办产出的影响。报告引用了 McNicol、David L.、和 Linda Wu 等人于 2014 年和 2015 年发表的论文中的研究内容。

在对采办改革的分析中，利用 MDAP 项目单位成本增长数据在 1970—2007 年间的 5 种不同政策体制下的统计特性来进行评价，5 种政策体制分别为国防系统采办审查委员会（DSARC）（1970—1982）、后 Carlucci 时期（1987—1989）、国防采办委员会（DAB）（1990—1993）、采办改革时期（1994—2000）及后采办改革时期（2001—2007）。从统计结果来看，MDAP 项目单位成本增长在 DSAR、后 Carlucci 及后采办改革时期要低于采办改革时期，DAB 时期与采办改革时期基本一致。从统计学的角度来看，统计结果不具备统计显著性，MDAP 项目单位成本增长数据与采办政策体制之间关联性较小。

McNicol 等人还发现 MDAP 项目单位成本增长数据与预算情况存在统计相关性。分析结果表明，相同政策体制下，预算紧缩的情况下 MDAP 项目单位成本增长相对较高。但是，MDAP 项目取消情况和政策体制或预算情况之间都没有统计相关性。

3. 对武器装备采办合同复杂性和风险进行推断分析

由于现阶段掌握到的数据还不足以对所有的 MDAP 及其合同的复杂性和风险进行分析，因此 PARCA 仅利用现有数据对这两项内容开展了推断分析。2015 年绩效评估报告分别对开发合同和生产合同的复杂性和风险进行了研究，分析中涉及到的 MDAP 开发合同数量为 94 份，生产合同数量为 130 份。单一合同的复杂性和风险数据不能够直接获取，而是通过合同预期耗时、预期费用、费用上涨及进度增加等数据计算得到，然后利用单一合同复杂性和风险数据的统计特性来得出最终的分析结论。

按时间分布的统计结果和比重分析结果显示，开发合同的复杂性随时间在降低，而风险数据没有明显的统计特性。通过进一步的统计分析可知，之所以开发合同的复杂性有一个较大的降低，是因为美军 2009 年之后新系统的开发比例大幅下降，大多数项目是对之前项目的更新升级，相对开发合同的难度和复杂性较低。而生产合同的分析表明，生产合同的复杂性和风险随着时间都有所降低。

4. 武器装备采办人才队伍绩效评估提上 PARCA 工作日程

评估参与武器装备采办工作的人员是武器装备采办绩效评估的重要组成部分，2014 年的绩效评估报告中将该评估作为 PARCA 未来工作需要努力的方向，2015 年的绩效评估报告虽然在正文部分加入"采办人才队伍"的章节，但是依旧缺乏足够数据的来支持这一方面的绩效评估。报告只是从人员的招聘和雇佣、培训和发展以及人才保留和激励政策三个方面的现实情况出发，对武器装备采办工作队伍整体水平的提升进行了探讨。报告指出，重大武器装备采办项目中，关键领导岗位和资格应该作为衡量采办人员素质的重要标准。随着未来 PARCA 掌握充分的相关数据，有关武器装备采办队伍的绩效评估会成为总的绩效评估工作的重要组成部分。

5. 分包商利润与主承包商利润分析并重

2014 年的绩效评估报告中，PARCA 曾经对主要承包商的最终利润进行分析，2015 年的报告中加入了对分承包商利润分析的环节。PARCA 在进行分析时，依旧采用分阶段的思路，其中：开发阶段的分包商利润分析涉及到 113 家分包商（与 37 家主承包商相关联）；生产阶段涉及 44 家分包商（与 27 家主承包商相关联）。统计数据显示，2001 年之后分包商的利润要大于其相关的主承包商利润，开发阶段分包商利润的中位数比主承包商利润中位数高大约 2%，生产阶段高大约 7%。从主承包商的角度看，不论是开发阶段，还是生产阶段，大多数主承包商相关分包商利润都偏高。从军种角度看，在开发阶段，国防部、陆、海、空相关的分包商利润都高于主承包商利润；在生产阶段，海军分包商利润低于主承包商利润，空军方面二者数据相当，而陆军方面分包商利润远高于主承包商利润，并且生产阶段采用固定价格合同的分包商利润也远高于主承包商利润。

根据评估结果，PARCA 针对采办官员和项目主任提出 3 点可行的建议：①财政预算缩紧时，需要加倍注意确保项目按照基线执行；②重大项目审查时，谨慎讨论和跟踪关键框架假设（Key Framing Assumption）；③注重流程简化，并且设置合理的进度时间。此外，PARCA 针对项目提出了 5 点建议：①不同情况下，继续按照以往经验采用适当的合同类型来控制成本；②系统工程方面运用最佳实践方案；③开发阶段避免进行不确定的合同行为；④项目执行过程中，利用框架假设和指标来找出存在的问题，针对问题果断行动；⑤对风险进行识别和管理。

附录 B

我军开展武器装备采办绩效评估难易程度分析问卷调查

B.1　难易程度分析专家调查问卷

尊敬的专家：

您好！感谢您能抽出宝贵的时间参加本次专家意见调查。本调查表是基于本人撰写的硕士论文《美军武器装备采办绩效评估研究》的有关内容设立的，由于论文中存在一些问题难以准确把握，特邀请您提供宝贵意见。

专家意见调查表中共涉及两个方面的问题。

问题一设立是为了得出不同因素对武器装备采办绩效评估的影响权重，依据层次分析法将所要研究的问题划分为 3 个层次的指标：顶层指标为武器装备采办绩效评估总体影响指标；中间层指标包含科学性、全面性、有效性、易行性和延续性；进一步细化得到了 21 个底层指标。

问题二是针对我军开展完善的武器装备采办绩效评估难易程度而设置，将评估政策、评估组织机构、评估工具手段、评估基础设施及其他划分为 21 个二级指标进行模糊评价。其中问题二的 21 个指标和问题一的 21 个底层指标具有一一对应关系。

专家信息：

姓　　名：

职　　称：

研究方向：

所在单位：

B.1.1 填表说明

1. 问题一说明

层次分析法的运用是为了确定武器装备采办绩效评估各影响因素的权重。思路是通过隶属于相同指标的低一层指标两两之间重要性判断，结合相关计算确定指标的权重。层次分析法的基础是层次结构模型，如表 B.1 所列。

表 B.1　层次分析法的层次结构模型

顶层	中间层	底层
武器装备采办绩效评估的总体影响指标	科学性	是否具有分工明确的评估组织机构
		评估队伍是否专业
		评估基础条件是否全面、有效
		评估数据是否准确
		评估指标是否合理
		评估方法是否恰当
		是否存在反馈机制对评估进行改进
	全面性	是否针对多个武器装备采办阶段开展评估
		每个采办阶段的评估能否获得全面的评估数据
		评估指标能否充分利用评估数据内涵的信息
	有效性	评估机构的立场和层次
		评估机构的独立性
		是否有政策推动绩效评估开展
		是否有政策支持评估结果运用
		绩效评估工作是否及时
	易行性	评估数据是否容易获取
		评估方法是否简单有效
		评估数据搜集过程中是否采用信息化手段
		评估结果运用过程中是否采用信息化手段
	延续性	绩效评估能否定期开展
		是否具有评估人才的引进和培养机制

层次分析法评分采用两两判断矩阵的形式进行，如表 B.2 所列，其中 B_1、B_2、B_3 表示隶属于 A_1 的 3 个指标，矩阵中的值 b_{ij} 表示第 i 个指标与第 j 个指标相比的重要程度标度（如 b_{13} 表示 B_1 与 B_3 对 A_1 的重要程度比较结果），b_{ij} 数值依据表 B.3 所列的比例标度进行确定。

表 B.2 以指标 B_1、B_2、B_3 为例的两两判断矩阵

指标 A_1	B_1	B_2	B_3
B_1	b_{11}	b_{12}	b_{13}
B_2	b_{21}	b_{22}	b_{23}
B_3	b_{31}	b_{32}	b_{33}

表 B.3 评价比例标度

标度 b_{ij} 值	说明
1	表示两个指标相比，重要性相同
3	表示两个指标相比，前者比后者稍微重要
5	表示两个指标相比，前者比后者明显重要
7	表示两个指标相比，前者比后者极其重要
9	表示两个指标相比，前者比后者强烈重要
2、4、6、8	表示上述相邻判断的中间值
倒数	表示两个指标相比，后者比前者更加重要

综上可以看出，两两判断矩阵具有如下性质：

（1）两两判断矩阵中对角线上的标度恒为 1。

（2）b_{ij} 与 b_{ji} 互为倒数。

（3）因素重要性具有传递关系，即 $b_{ij} \cdot b_{jk} = b_{ik}$。

2. 问题二说明

问题二的设立依据模糊综合评价法，填写方法较为简单。可根据实际情况，对指标实现的难易程度进行判断。

B.1.2 专家问卷

1. 问题一

请各位专家根据问题一填表说明，对以下 6 个两两判断矩阵进行打分。

（1）隶属于科学性的底层指标两两重要性评价，如表 B.4 和表 B.5 所列。

表 B.4　隶属于科学性的底层指标及编号

中间层	底层	编号
科学性（B_1）	是否具有分工明确的评估组织机构	C_1
	评估队伍是否专业	C_2
	评估基础条件是否全面、有效	C_3
	评估数据是否准确	C_4
	评估指标是否合理	C_5
	评估方法是否恰当	C_6
	是否存在反馈机制对评估进行改进	C_7

表 B.5　隶属于科学性的底层指标两两判断矩阵

科学性	C_1	C_2	C_3	C_4	C_5	C_6	C_7
C_1	1						
C_2	——	1					
C_3	——	——	1				
C_4	——	——	——	1			
C_5	——	——	——	——	1		
C_6	——	——	——	——	——	1	
C_7	——	——	——	——	——	——	1

（2）隶属于全面性的底层指标两两重要性评价，如表 B.6 和表 B.7 所列。

表 B.6　隶属于全面性的底层指标及编号

中间层	底层	编号
全面性（B_2）	是否针对多个武器装备采办阶段开展评估	D_1
	每个采办阶段的评估能否获得全面的评估数据	D_2
	评估指标能否充分利用评估数据内涵的信息	D_3

表 B.7　隶属于全面性的底层指标两两判断矩阵

全面性	D_1	D_2	D_3
D_1	1		
D_2	——	1	
D_3	——	——	1

（3）隶属于有效性的底层指标两两重要性评价，如表 B.8 和表 B.9 所列。

表 B.8　隶属于有效性的底层指标及编号

中间层	底层	编号
有效性（B_3）	评估机构的立场和层次	E_1
	评估机构的独立性	E_2
	是否有政策推动绩效评估开展	E_3
	是否有政策支持评估结果运用	E_4
	绩效评估工作是否及时	E_5

表 B.9　隶属于有效性的底层指标两两判断矩阵

有效性	E_1	E_2	E_3	E_4	E_5
E_1	1				
E_2	——	1			
E_3	——	——	1		
E_4	——	——	——	1	
E_5	——	——	——	——	1

（4）隶属于易行性的底层指标两两重要性评价，如表 B.10 和表 B.11 所列。

表 B.10　隶属于易行性的底层指标及编号

中间层	底层	编号
易行性（B_4）	评估数据是否容易获取	F_1
	评估方法是否简单有效	F_2
	评估数据搜集过程中是否采用信息化手段	F_3
	评估结果运用过程中是否采用信息化手段	F_4

表 B.11　隶属于易行性的底层指标两两判断矩阵

易行性	F_1	F_2	F_3	F_4
F_1	1			
F_2	——	1		
F_3	——	——	1	
F_4	——	——	——	1

（5）隶属于延续性的底层指标两两重要性评价，如表 B.12 和表 B.13 所列。

表 B.12 隶属于延续性的底层指标及编号

中间层	底层	编号
延续性（B_5）	绩效评估能否定期开展	G_1
	是否具有评估人才的引进和培养机制	G_2

表 B.13 隶属于延续性的底层指标两两判断矩阵

延续性	G_1	G_2
G_1	1	
G_2	——	1

（6）中间层指标两两重要性评价，如表 B.14 和表 B.15 所列。

表 B.14 中间层指标两两判断矩阵

A_1	科学性	全面性	有效性	易行性	延续性
科学性	1				
全面性	——	1			
有效性	——	——	1		
易行性	——	——	——	1	
延续性	——	——	——	——	1

表 B.15 武器装备采办绩效评估难易程度

所属类别	指标名称	容易	一般	较难	难以实现
评估政策	建立评估结果反馈机制				
	出台绩效评估开展的推动政策				
	出台绩效评估结果运用推动政策				
评估组织机构	建立分工明确的评估组织机构				
	评估机构具有较高的地位层次				
	保证评估机构的独立性				
评估工具手段	评估数据获取的容易程度				
	评估数据的准确性				
	评估数据的全面性				

所属类别	指标名称	容易	一般	较难	难以实现
评估工具手段	评估数据获取的及时性				
	评估指标的合理性				
	评估指标的全面性				
	评估方法的科学性				
	评估方法的易行性				
评估基础设施	评估基础条件的全面性和有效性				
	评估数据搜集过程中采用信息化手段				
	评估结果运用过程中采用信息化手段				
其他	组建专业的评估队伍				
	建立评估人才引进和培养机制				
	定期开展绩效评估				
	针对多个采办阶段开展绩效评估				

2. 问题二

请各位专家根据经验和以往我军武器装备采办中类似的政策制定、机制建立及做法形成的难易程度，对我军开展武器装备采办绩效评估难易程度进行评价。请从容易实现、难度一般、较难实现和难以实现 4 个档次的评价标准中，选择合理的难度标准对每个指标进行评价，如表 B.15 所列。

B.2　难易程度分析专家调查结果

B.2.1　参与本次问卷调查的专家信息

参与武器装备采办绩效评估难易程度问卷调查的专家信息如表 B.16 所列。

表 B.16　问卷调查专家信息

编号	姓名	单位	研究领域	调查结果是否可用
1	曾　昊	中国国防科技信息中心	装备采办管理	是
2	谢冰峰	中国国防科技信息中心	国防科技管理	是
3	卢胜军	中国国防科技信息中心	国防经济	是

编号	姓名	单位	研究领域	调查结果是否可用
4	石鹏辉	中国国防科技信息中心	装备采办管理	是
5	海碧	中国国防科技信息中心	国防经济	是
6	周静	中国国防科技信息中心	装备采办管理	是
7	李维	中国国防科技信息中心	采办管理政策	是
8	李宇华	中国国防科技信息中心	装备采办管理	是
9	冯婧	中国国防科技信息中心	采办政策	否
10	董齐光	中国国防科技信息中心	国防经济	否

B.2.2 专家评价的权重计算结果

专家评价的权重计算结果如表 B.17 所列。

表 B.17 专家评价的权重计算结果

指标	1	2	3	4	5	6	7	8
是否具有分工明确的评估组织机构	0.0542	0.0184	0.0037	0.0183	0.024	0.0500	0.0346	0.0136
评估队伍是否专业	0.0542	0.0659	0.0081	0.1674	0.0763	0.0478	0.0919	0.0327
评估基础条件是否全面、有效	0.0180	0.0184	0.0089	0.0383	0.0584	0.0159	0.0207	0.0385
评估数据是否准确	0.0905	0.0533	0.0189	0.1054	0.0720	0.0478	0.0869	0.0656
评估指标是否合理	0.0905	0.0533	0.0113	0.0882	0.0720	0.0478	0.0581	0.0565
评估方法是否恰当	0.0905	0.0376	0.0189	0.0881	0.0615	0.0478	0.0581	0.0565
是否存在反馈机制对评估进行改进	0.0301	0.0806	0.0013	0.0556	0.0226	0.0153	0.0194	0.0222
是否针对多个武器装备采办阶段开展评估	0.0204	0.0114	0.1702	0.0450	0.1055	0.0908	0.0210	0.0233
每个采办阶段的评估能否获得全面的评估数据	0.0612	0.0696	0.0584	0.0284	0.0351	0.0908	0.0666	0.0424
评估指标能否充分利用评估数据内涵的信息	0.0612	0.0282	0.0584	0.0357	0.0527	0.0908	0.0529	0.0771
评估机构的立场和层次	0.0313	0.0620	0.0517	0.0279	0.0293	0.0236	0.0536	0.0233
评估机构的独立性	0.0313	0.0325	0.0517	0.0279	0.0881	0.028	0.0371	0.0233
是否有政策推动绩效评估开展	0.0104	0.0743	0.0172	0.0839	0.0587	0.0957	0.0986	0.0644
是否有政策支持评估结果运用	0.0522	0.0977	0.0172	0.0839	0.0097	0.0957	0.0711	0.0644
绩效评估工作是否及时	0.0174	0.0620	0.0517	0.0279	0.0073	0.0287	0.0206	0.1103

指标	1	2	3	4	5	6	7	8
评估数据是否容易获取	0.0535	0.0180	0.0201	0.0096	0.0559	0.0378	0.0597	0.0178
评估方法是否简单有效	0.0535	0.0541	0.0603	0.0096	0.0182	0.0378	0.0379	0.0276
评估数据搜集过程中是否采用信息化手段	0.0178	0.0180	0.0603	0.0032	0.0182	0.0075	0.0226	0.0465
评估结果运用过程中是否采用信息化手段	0.0178	0.0541	0.0603	0.0032	0.0365	0.0075	0.0202	0.0509
绩效评估能否定期开展	0.1028	0.0679	0.1862	0.0411	0.0773	0.0757	0.1043	0.0476
是否具有评估人才的引进和培养机制	0.0357	0.0226	0.0620	0.0102	0.0193	0.0151	0.0260	0.0952

附录 C

2009—2015 年美军 MDAP 历年成本、进度相关数据[1]

项目名称	项目开始时间	项目开始时成本/百万美元						2009 年（2009 年美元价）													主承包商
		研制开发成本	采购成本	总项目成本	项目单位成本	项目初始时间/月	初始采购数量	项目当时成本/百万美元				项目预计时间/月	采购数量	项目当时成本增长/（%）						
								研制开发成本	采购成本	总项目成本	项目单位成本			研制开发成本增长	采购成本增长	总项目成本增长	项目单位成本增长	项目时间增长/（%）/（%）	采购数量增长（%）	
先进极高频卫星	2001	4748.5	1404.4	6152.9	1230.583	111	5	7205.4	3098.4	10303.7	2575.932	170	4	51.7	120.6	67.5	109.3	53.2	−20	洛克希德·马丁
先进威胁红外对抗系统/通用导弹告警系统	1996	646.8	2649.3	3296.1	1.065		3094	810.5	4001.2	4811.7	1.341		3589	25.3	51	46	25.8		16	BAE系统

① 篇幅有限，省略 2003—2008 年美军 MDAP 历年成本、进度相关数据。

2009年（2009年美元价）

项目名称	项目开始时成本/百万美元					项目初始时间/月	初始采购数量	项目当时成本/百万美元				项目预计时间/月	采购数量	项目当时成本增长（%）						主承包商
	项目开始时间	研制开发成本	采购成本	总项目成本	项目单位成本			研制开发成本	采购成本	总项目成本	项目单位成本			研制开发成本增长	采购成本增长	总项目成本增长	项目单位成本增长	项目时间增长/（%）	采购数量增长/（%）	
AGM-88E反辐射导弹	2003	615.4	930.6	1546	0.864	85	1790	653.2	992	1645.3	0.861	87	1911	6.2	6.6	6.4	-0.3	2.4	6.8	ATK
B-2雷达现代化项目	2004	729	570.2	1299.2	61.869	63	21	707.9	529.5	1237.4	61.868	68	20	-2.9	-7.1	-4.8	0	7.9	-4.8	诺斯罗普·格鲁曼
B-2先进极高频卫通能力	2007	566.3	119.3	685.6	32.649	85	21	575.7	119.7	695.4	34.77	85	20	1.7	0.3	1.4	6.5	0	-4.8	诺斯罗普·格鲁曼
"宙斯盾"导弹防御系统	2007	11457.7		11457.7				11291.5		11291.5				-1.5		-1.4				洛克希德·马丁
机载激光	2007	8289.9		8289.9				8213.7		8213.7				-0.9		-0.9				波音
动能拦截器	2007	4118.9		4118.9				4212		4212				2.3		2.3				诺斯罗普·格鲁曼
多杀伤拦截器	2007	3216.1		3216.1				3269.1		3269.1				1.6		1.6				洛克希德·马丁

（续）

项目名称	项目开始时成本/百万美元							2009年（2009年美元价）						项目当时成本增长（%）						主承包商
	项目开始时间	研制开发成本	采购成本	总项目成本	项目单位成本	项目初始时间/月	初始采购数量	研制开发成本	采购成本	总项目成本	项目单位成本	项目预计时间/月	采购数量	研制开发成本增长	采购成本增长	总项目成本增长	项目单位成本增长	项目时间增长（%）	采购数量增长（%）	
空间跟踪和监视系统	2007	6723		6723				6380		6380				-5.1		-5.1				诺斯罗普•格鲁曼
C-130运输机飞行控制系统现代化改进项目	2001	749	3242.3	3991.3	7.69		519	1919	3493.5	5412.4	24.491		221	156.2	7.7	35.6	218.5		-57.4	波音
C-5运输机飞行控制系统现代化改进项目	1998	387.5	677.8	1065.4	8.455	83	126	468.4	1001.5	1469.8	13.124	97	112	20.9	47.7	38	55.2	16.9	-11.1	洛克希德•马丁
C-5可靠性增强和更换发动机项目	2001	1692.7	8836.3	10532.7	83.593	100	126	1757.3	5524.2	7289.5	140.182	139	52	3.8	-37.5	-30.8	67.7	39	-58.7	洛克希德•马丁

（续）

2009年（2009年美元价）

项目名称	项目开始时间	项目开始时成本/百万美元				项目初始时间/月	初始采购数量	项目当时成本/百万美元				项目预计时间/月	采购数量	项目当时成本增长（%）						主承包商
		研制开发成本	采购成本	总项目成本	项目单位成本			研制开发成本	采购成本	总项目成本	项目单位成本			研制开发成本增长	采购成本增长	总项目成本增长	项目单位成本增长	项目时间增长（%）	采购数量增长（%）	
CH-53重型直升机更换	2005	4228.8	11762.3	15991.1	102.507	119	156	4173.4	11864.6	16038.1	102.808	117	156	-1.3	0.9	0.3	0.3	-1.7	0	西科斯基
未来航母CVN-21	2004	4639.4	29720.9	34360.3	11453.45	137	3	4205	25709	29913.9	9971.308	149	3	-9.4	-13.5	-12.9	-12.9	8.8	0	诺斯罗普·格鲁曼
DDG1000驱逐舰	1998	2196.9	31412.4	33609.3	1050.292	128	32	9526.9	18084.4	27611.3	3944.473	212	7	333.7	-42.4	-17.8	275.6	65.6	-78.1	BAE系统
E-2D "先进鹰眼"	2003	3709.8	10538.5	14248.3	189.977	95	75	3924	11686.6	15610.6	208.141	94	75	5.8	10.9	9.6	9.6	-1	0	诺斯罗普·格鲁曼
EA-18G	2003	1846.5	6822.6	8669.1	96.323	70	90	1918	6865.3	9847	111.898	69	88	3.9	0.6	13.6	16.2	-1.4	-2.2	波音
"亚玛神剑"精确制导增程炮弹	2003	739.3	3873.8	4613.1	0.06	136	76677	934.4	1429.5	2363.8	0.078	153	30388	26.4	-63.1	-48.8	29.3	12.5	-60.3	雷声
远征战车	2000	1593.5	7156.1	8841.5	8.626	138	1025	3611.2	9978.1	13682.5	23.073	245	593	126.6	39.4	54.8	167.5	77.5	-42.1	通用

170

项目名称	项目开始时间	项目开始时成本/百万美元				项目初始时间/月	初始采购数量	2009年（2009年美元价）															主承包商
								项目当时成本/百万美元				项目预计时间/月	采购数量	项目当时成本增长（%）				项目时间增长（%）	采购数量增长（%）				
		研制开发成本	采购成本	总项目成本	项目单位成本			研制开发成本	采购成本	总项目成本	项目单位成本			研制开发成本增长	采购成本增长	总项目成本增长	项目单位成本增长						
F-22A现代化和改进项目	2003	3101.2	537.4	3638.6		109		4265.1	1655.7	5920.8		145		37.5	208.1	62.7		33					洛克希德·马丁
先进超视距终端	2006	1484.6	1595	3079.6	14.257	129	216	1498.4	1954.7	3453	15.554	129	222	0.9	22.6	12.1	9.1	0	2.8				波音
未来战斗系统	2003	20886.2	68197.6	89776.1	5985.076	91	15	28835.2	100160.9	129730.6	8648.704	147	15	38.1	46.9	44.5	44.5	61.5	0				波音
"全球鹰"无人机	2001	1006.1	4171.4	5208.1	82.668	55	63	3657.5	5929.7	9699.4	179.618		54	263.5	42.2	86.2	117.3		-14.3				诺斯罗普·格鲁曼
联合空对地防区外导弹	1998	985.1	1228.2	2236.8	0.906	75	2469	1304.4	4407.6	5712	1.141	87	5006	32.4	258.9	155.4	25.9	16	102.8				洛克希德·马丁
联合地面攻击巡航导弹防御网络升级传感器系统	2005	1936.8	4431.6	6437.8	402.361	97	16	1965.6	4660.6	6700.3	418.771	97	16	1.5	5.2	4.1	4.1	0	0				雷声

项目名称	项目开始时间	项目开始时的成本/百万美元						2009年（2009年美元价）												主承包商
								项目当时成本/百万美元						项目当时成本增长（%）						
		研制开发成本	采购成本	总项目成本	项目单位成本	项目初始时间/月	初始采购数量	研制开发成本	采购成本	总项目成本	项目单位成本	项目预计时间/月	采购数量	研制开发成本增长	采购成本增长	总项目成本增长	项目单位成本增长	项目时间增长（%）	采购数量增长（%）	
联合攻击战斗机	2001	37645.7	167016.3	206410.3	72.02	175	108388	46840.8	197437.3	244772.1	99.663	125	2456	24.4	18.2	18.6	38.4	-28.6	-14.3	洛克希德·马丁
联合战术无线电系地面基站	2002	985	15841.6	16826.6	0.155	55	2866	1399.8	15200.6	16600.3	0.192	114	86652	42.1	-4	-1.3	23.4	107.3	-20.1	波音
联合战术无线电系手持、背负型	2004	526.1	9168.5	9694.5	0.029	85	329574	833.5	2189.3	3022.7	0.031	93	95961	58.4	-76.1	-68.8	7.1	9.4	-70.9	通用
联合战术无线电系网络企业域	2002	947.4		947.4				2031.7		2031.7				114.5		114.4				多承包商
LHA6两栖攻击舰替换项目	2006	213.4	2858.1	3071.5	3071.497	146	1	217	3069.6	3286.6	3286.591	151	1	1.7	7.4	7	7	3.4	0	诺斯罗普·格鲁曼
濒海战斗舰	2004	856.7	455.5	1312.1	328.035	41	4	2147.9	1774	3921.9	560.275	85	7	150.7	289.5	198.9	70.8	107.3	75	通用

项目名称	项目开始时成本/百万美元							2009年（2009年美元价）项目当时成本/百万美元						项目当时成本增长（%）						主承包商
	项目开始时间	研制开发成本	采购成本	总项目成本	项目单位成本	项目初始时间/月	初始采购数量	研制开发成本	采购成本	总项目成本	项目单位成本	项目预计时间/月	采购数量	研制开发成本增长	采购成本增长	总项目成本增长	项目单位成本增长	项目时间增长（%）	采购数量增长（%）	
濒海战斗舰-任务组件	2007	475	3147.8	3622.8	56.607		64	780.3	2986.7	3767	58.86		64	64.3	-5.1	4	4		0	诺斯罗普·格鲁曼
"长弓阿帕奇"Block3	2006	1116	5878.9	6995	11.62	79	602	1103.2	6616.7	7719.9	12.081	78	639	-1.2	12.5	10.4	4	-1.3	6.1	波音
防地雷反伏击车	2007	232.5	21252.9	22453.2	1.46	6	15374	408.6	26265.5	27642.1	1.745	6	15838	75.8	23.6	23.1	19.5	0	3	多承包商
移动用户目标系统	2004	3523	2931.3	6491.6	1081.932	91	6	3751.3	2594.9	6411.3	1068.547	102	6	6.5	-11.5	-1.2	-1.2	12.1	0	洛克希德·马丁
MQ-9"收割者"无人机	2004	195.4	508.7	704	21.33	70	63	385.5	2405.7	2892.4	24.512	66	118	97.3	373	310.8	14.9	-5.7	87.3	通用
多功能信息分发系统	2004	301	0	301	9.406	50	32	458.5	134.9	593.2	1.541	62	385	52.3		97.1	-83.6	24	1103.1	ViaSat

（续）

项目名称	项目开始时间	项目开始时成本/百万美元				项目初始时间/月	初始采购数量	2009年（2009年美元价）项目当时成本/百万美元				项目预计时间/月	采购数量	项目当时成本增长/（%）				项目时间增长/（%）	采购数量增长/（%）	主承包商
		研制开发成本	采购成本	总项目成本	项目单位成本			研制开发成本	采购成本	总项目成本	项目单位成本			研制开发成本增长	采购成本增长	总项目成本增长	项目单位成本增长			
多任务雷达技术嵌入	2003	1735.1		1735.1				1334.5		1334.5				-23.1		-23.1				诺斯罗普·格鲁曼
国家极轨作战环境卫星	2002	5130.2	1324.4	6454.5	1075.758	172	6	8032.9	2879.8	10912.6	2728.147	193	4	56.6	117.5	69.1	153.6	12.2	-33.3	诺斯罗普·格鲁曼
GPS空间和控制	2002	2126.4	3878.1	6004.5	181.956		33	2621.6	4517.3	7138.9	216.329		33	23.3	16.5	18.9	18.9		0	波音
海军多波段终端项目	2006	673.4	1568.3	2241.7	6.732	107	333	648.8	1294.5	1943.3	6.392	107	304	-3.7	-17.5	-13.3	-5	0	-8.7	雷声
P-8A "波塞冬"多任务海上飞机	2004	7274.1	22566.9	29974	260.643	160	115	6990.6	22489.2	29621.9	262.141	160	113	-3.9	-0.3	-1.2	0.6	0	-1.7	波音

项目名称	项目开始时间	项目开始时成本/百万美元				项目初始时间/月	初始采购数量	2009年（2009年美元价）项目当时成本/百万美元				项目预计时间/月	采购数量	项目当时成本增长/（%）				项目时间增长/（%）	采购数量增长/（%）	主承包商
		研制开发成本	采购成本	总项目成本	项目单位成本			研制开发成本	采购成本	总项目成本	项目单位成本			研制开发成本增长	采购成本增长	总项目成本增长	项目单位成本增长			
"爱国者" MEADS 联合项目发射单元	2004	5126.6	13575.2	18701.8	389.62	157	48	4840.6	13044	17884.6	372.596	157	48	-5.6	-3.9	-4.4	-4.4	0	0	MEADS
"勇士"无人机	2005	333.1	647.5	980.5	196.108	50	5	568.5	1614.2	2339.2	194.937	96	12	70.7	149.3	138.6	-0.6	92	140	通用
天基红外系统	1996	4220.4	0	4427.4	885.484		5	9371.9	2595.4	12209.6	3052.406		4	122.1		175.8	244.7		-20	洛克希德•马丁
天基监视 Block10	2008	842.3		842.3	842.34		1	857.6		857.6	857.618		1	1.8		1.8	1.8		0	波尔航天
V-22 联合先进垂直起降飞机	1986	4095.4	34401.7	38725.7	42.416	117	913	12664.5	42603.5	55544	121.275	294	458	209.2	23.8	43.4	185.9	151.3	-49.8	贝尔-波音
"弗吉尼亚"级潜艇	1995	4349.8	54027.8	58377.5	1945.918	134	30	6233.8	75322.4	81556.2	2718.54	151	30	43.3	39.4	39.7	39.7	12.7	0	通用

2010年（2010年美元价）

项目名称	项目开始时间	项目开始时成本/百万美元				项目初始时间/月	初始采购数量	项目当时成本/百万美元				项目预计时间/月	采购数量	项目当时成本增长/(%)				项目时间增长/(%)	采购数量增长/(%)	主承包商
		研制开发成本	采购成本	总项目成本	项目单位成本			研制开发成本	采购成本	总项目成本	项目单位成本			研制开发成本增长	采购成本增长	总项目成本增长	项目单位成本增长			
先进极高频卫星	2001	4796	1418.5	6214.5	1242.896	111	5	7277.5	3129.4	10406.8	2601.707	170	4	51.7	120.6	67.5	109.3	53.2	-20	洛克希德·马丁
AGM-88E先进反辐射制导导弹	2003	621.6	940	1561.5	0.872	85	1790	665.7	1292.7	1958.4	1.025	92	1911	7.1	37.5	25.4	17.5	8.2	6.8	ATK
机载信号情报载荷基线	2002	338.6	0	338.6				493.6	0	493.6				45.8		45.8				诺斯罗普·格鲁曼
B-2先进极高频卫星通能力	2007	571.9	120.5	692.4	32.972	85	21	521	123.8	644.8	32.238	85	20	-8.9	2.7	-6.9	-2.2	0	-4.8	诺斯罗普·格鲁曼
广域海上监视无人机系统	2008	3064.1	9094	12531.2	179.017	92	70	3064.1	9094	12531.2	179.017	92	70	0	0	0	0	0	0	诺斯罗普·格鲁曼

176

（续）

2010年（2010年美元价）

项目名称	项目开始时间	项目开始时成本/百万美元				项目初始时间/月	初始采购数量	研制开发成本	采购成本	总项目成本	项目单位成本	项目预计时间/月	采购数量	项目当时成本增长（%）				项目时间增长（%）	采购数量增长（%）	主承包商
		研制开发成本	采购成本	总项目成本	项目单位成本									研制开发成本增长	采购成本增长	总项目成本增长	项目单位成本增长			
C-5运输机飞行控制系统现代化改进项目	2001	1709.5	8924	10637.2	84.422	100	126	1771.2	5531.2	7310.6	140.589	139	52	3.6	-38	-31.3	66.5	39	-58.7	洛克希德·马丁
CH-53重型直升机更换	2005	4270.8	11878.9	16149.7	103.524	119	156	4222.5	12327.4	16549.9	106.089	122	156	-1.1	3.8	2.5	2.5	2.5	0	西科斯基
未来航母CVN-21	2004	4685.4	30015.6	34701	11567.001	137	3	4458.9	26630.7	31089.6	10363.201	149	3	-4.8	-11.3	-10.4	-10.4	8.8	0	诺斯罗普·格鲁曼
E-2D "先进鹰眼"	2003	3746.9	10643.9	14390.8	191.878	95	75	4181.4	13414.7	17643.3	235.244	136	75	11.6	26	22.6	22.6	43.2	0	诺斯罗普·格鲁曼
EA-18G	2003	1864.8	6890.4	8755.3	97.281	70	90	1929.7	6678.6	8632.8	101.562	69	85	3.5	-3.1	-1.4	4.4	-1.4	-5.6	波音
远征战车	2000	1609.3	7228.2	8930.3	8.713	138	1025	3743.7	10445.3	14286.7	24.092	245	593	132.6	44.5	60	176.5	77.5	-42.1	通用
增程多用途无人机系统	2005	336.4	653.9	990.3	198.058	50	5	824.6	2655.6	3480.2	316.385	83	11	145.1	306.1	251.4	59.7	66	120	通用

（续）

项目名称	项目开始时间	项目开始时的成本/百万美元				项目初始时间/月	初始采购数量	2010年（2010年美元价）项目当时成本/百万美元				项目预计时间/月	采购数量	项目当时成本增长/（%）				项目时间增长（%）	采购数量增长/（%）	主承包商
		研制开发成本	采购成本	总项目成本	项目单位成本			研制开发成本	采购成本	总项目成本	项目单位成本			研制开发成本增长	采购成本增长	总项目成本增长	项目单位成本增长			
"亚德神剑"精确制导增程炮弹	2003	746.7	3912.6	4659.3	0.061	136	76677	931.9	1543.5	2457.3	0.081	159	30544	24.8	-60.6	-46.9	33.4	16.9	-60.2	雷声
先进超视距终端	2006	1499.5	1610.9	3110.4	14.4	129	216	1731.8	2217.5	3949.5	16.253	129	243	15.5	37.7	27	12.9	0	12.5	波音
"全球鹰"无人机	2001	1016.1	4212.8	5259.7	83.487	55	63	3630.3	6158.4	9901.9	183.369		54	257.3	46.2	88.3	119.6		-14.3	诺斯罗普·格鲁曼
H-1升级	1996	680.2	2856.6	3536.7	12.453	105	284	1835.2	9689.1	11524.3	32.647	142	353	169.8	239.2	225.8	162.2	35.2	24.3	贝尔
联合空对地防区外导弹	1998	994.7	1240.5	2259	0.915	75	2469	1317.2	4451.5	5768.7	1.152	87	5006	32.4	258.9	155.4	26	16	102.8	洛克希德·马丁
联合地面攻击巡航导弹防御网络升级传感器系统	2005	1956	4475.9	6501.9	406.372	97	16	2171.3	4680.7	7067.3	441.709	98	16	11	4.6	8.7	8.7	1	0	雷声

（续）

项目名称	项目开始时成本/百万美元							2010年（2010年美元价）						项目当时成本增长（%）						主承包商
	项目开始时间	研制开发成本	采购成本	总项目成本	项目单位成本	项目初始时间/月	初始采购数量	研制开发成本	采购成本	总项目成本	项目单位成本	项目预计时间/月	采购数量	研制开发成本增长	采购成本增长	总项目成本增长	项目单位成本增长	项目时间增长（%）	采购数量增长（%）	
联合攻击战斗机	2001	38022.4	168687.5	208475.6	72.741	116	2866	47309.5	199412.8	247221.3	101.196	137	2443	24.4	18.2	18.6	39.1	18.1	-14.8	洛克希德•马丁
联合战术无线电系统地面移动电台	2002	994.8	16000.1	16994.9	0.157	55	108388	1693	14449	16142	0.186	114	86643	70.2	-9.7	-5	18.8	107.3	-20.1	波音
联合战术无线电系统手持、背负型	2004	531.3	9259.6	9790.9	0.03	85	329574	844.4	2526.7	3371.1	0.016	99	215961	58.9	-72.7	-65.6	-47.5	16.5	-34.5	通用
联合战术无线电系统网络企业域	2002	956.9		956.9				2018.7		2018.7				111		111				多承包商
多功能信息分发系统-联合战术无线电系统	2004	304	0	304	9.5	50	32	491.3	216.2	707.5	2.033	69	348	61.6	100	132.7	-78.6	38	987.5	ViaSat

179

项目名称	项目开始时间成本/百万美元					2010年（2010年美元价）														主承包商
	项目开始时间	研制开发成本	采购成本	总项目成本	项目单位成本	项目初始时间/月	初始采购数量	项目当时成本/百万美元						项目当时成本增长/（%）						
								研制开发成本	采购成本	总项目成本	项目单位成本	项目预计时间/月	采购数量	研制开发成本增长	采购成本增长	总项目成本增长	项目单位成本增长	项目时间增长（%）	采购数量增长（%）	
濒海战斗舰	2004	865.2	460	1325.2	331.296	41	4	2329.2	2784.3	5113.4	730.489	98	7	169.2	505.3	285.9	120.5	139	75	通用
"长弓阿帕奇"Block3	2006	1127.1	5937.3	7064.3	11.735	79	602	1112.9	6844	7956.9	12.452	79	639	-1.3	15.3	12.6	6.1	0	6.1	波音
MQ-9"收割者"无人机	2008	409.7	2059.6	2572.2	24.498		105	599	8525	9124	35.78		255	46.2	313.9	254.7	46.1		142.9	通用
防地雷反伏击车	2007	233.6	21359.5	22566.4	1.468	6	15374	609.9	35513.1	37781.6	1.651	6	22882	161.1	66.3	67.4	12.5	0	48.8	多承包商
GPS空间和控制	2002	2147.5	3916.6	6064.1	183.76		33	2636.6	4645.5	7282.1	220.669		33	22.8	18.6	20.1	20.1		0	波音
GPS 3A	2008	2462.2	1382.4	3844.6	480.58		8	2380.4	1300.6	3680.9	460.117		8	-3.3	-5.9	-4.3	-4.3		0	洛克希德·马丁
海军多终端项目	2006	680.2	1584	2264.2	6.799	107	333	656	1311.1	1967.2	6.471	107	304	-3.5	-17.2	-13.1	-4.8	0	-8.7	雷声
国家极轨作战环境卫星	2002	5181.5	1337.6	6519.1	1086.521	113	6	9313.8	3847.7	13161.5	3290.377	193	4	79.8	187.7	101.9	202.8	70.8	-33.3	诺斯罗普·格鲁曼

（续）

2010年（2010年美元价）

项目名称	项目开始时间	项目开始时成本/百万美元				项目初始时间/月	初始采购数量	项目当时成本/百万美元				项目预计时间/月	采购数量	项目当时成本增长/（%）				项目时间增长（%）	采购数量增长（%）	主承包商
		研制开发成本	采购成本	总项目成本	项目单位成本			研制开发成本	采购成本	总项目成本	项目单位成本			研制开发成本增长	采购成本增长	总项目成本增长	项目单位成本增长			
"爱国者"/MEADS联合项目发射单元	2004	5177.6	13710.1	18887.7	393.493	157	48	4880.3	13101.2	17981.5	374.614	157	48	-5.7	-4.4	-4.8	-4.8	0	0	MEADS
天基红外系统	1996	4261.7	0	4471.1	894.227		5	9583.3	3816	13638.4	3409.609		4	124.9	0	205	281.3		-20	洛克希德·马丁
天基监视Block10	2008	850.7	0	850.7	850.7	75	1	873.2	0	873.2	873.2	81	1	2.7	0	2.7	2.7	8	0	波尔—航天
"标准"号弹-6增程主动导弹	2004	1047.4	4512.8	5560.2	4.634	117	1200	954.8	4958.4	5913.2	4.928	291	1200	-8.8	9.9	6.3	6.3	148.7	0	雷声
V-22联合先进垂直起降飞机	1986	4135.6	34745.8	39112.3	42.839	134	913	12805.5	43089.8	56141.2	122.579	151	458	209.6	24	43.5	186.1	12.7	-49.8	贝尔—波音
"弗吉尼亚"级潜艇	1995	4392.4	54565.3	58957.7	1965.258	104	30	6309.3	76073.1	82382.5	2746.083	119	30	43.6	39.4	39.7	39.7	14.4	0	通用
垂直起降战术无人机	2006	583.3	1641.2	2551.1	14.413		177	633.8	1418	2195.4	12.545		175	8.7	-13.6	-13.9	-13		-1.1	诺斯罗普·格鲁曼
作战人员信息网	2007	232.7	3384.5	3617.2	1.911	50	1893	239.7	3227.2	3466.9	1.984	65	1747	3	-4.6	-4.2	3.9	30	-7.7	通用

181

2011 年（2011 年美元价）

项目名称	项目开始时间	项目开始时成本/百万美元				项目初始时间/月	初始采购数量	项目当时成本/百万美元				项目预计时间/月	采购数量	项目当时成本增长/（%）				项目时间增长（%）	采购数量增长（%）	主承包商
		研制开发成本	采购成本	总项目成本	项目单位成本			研制开发成本	采购成本	总项目成本	项目单位成本			研制开发成本增长	采购成本增长	总项目成本增长	项目单位成本增长			
先进极高频卫星	2001	4843.9	1432.6	6276.5	1255.309	111	5	7346.3	5573.3	12919.6	2153.272	170	6	51.7	289	105.8	71.5	53.2	20	洛克希德·马丁
AGM-88E 先进反辐射导弹	2003	627.8	949.4	1577.2	0.881	85	1790	702.8	1135.5	1838.3	0.958		1919	11.9	19.6	16.6	8.7		7.2	ATK
"阿帕奇" Block3	2006	1138.4	5996.7	7135.1	11.852	79	602	1629.6	11112.6	12742.2	18.334	82	695	43.1	85.3	78.6	54.7	3.8	15.4	波音
B-2 先进极高频卫通能力	2007	577.7	121.7	699.4	33.303	85	21	501.9	116.7	618.6	30.929	85	20	-13.1	-4.1	-11.6	-7.1	0	-4.8	诺斯罗普·格鲁曼
广域海上监视无人机系统	2009	3094.5	9185.3	12656.7	180.811	92	70	3150	9501.8	13031.5	186.165	92	70	1.8	3.4	3	3	0	0	诺斯罗普·格鲁曼
C-5 运输机飞行控制系统现代化改进项目	2001	1726.6	9013.3	10743.7	85.267	100	126	1760.6	5582.9	7348.8	141.323	135	52	2	-38.1	-31.6	65.7	35	-58.7	洛克希德·马丁
C-130 运输机飞行控制系统现代化改进项目	2001	764	3307.2	4071.2	7.844		519	1895.6	4100	5995.6	27.129	221	221	148.1	24	47.3	245.8		-57.4	波音

项目名称	项目开始时间	项目开始时成本/百万美元				项目初始时间/月	初始采购数量	2011 年（2011 年美元价）					项目预计时间/月	采购数量	项目当时成本增长（%）				项目时间增长/（%）	采购数量增长/（%）	主承包商
		研制开发成本	采购成本	总项目成本	项目单位成本			项目当时成本/百万美元							研制开发成本增长	采购成本增长	总项目成本增长	项目单位成本增长			
								研制开发成本	采购成本	总项目成本	项目单位成本										
CH-53 重型直升机更换	2005	4313.6	11997.9	16311.5	104.561	119	156	5915.4	15986.9	21902.3	109.512	153	200	37.1	33.2	34.3	4.7	28.6	28.2	西科斯基
未来航母 CVN-21	2004	4732.3	30316.2	35048.5	11682.827	137	3	4588	29597.8	34185.7	11395.246	149	3	-3.1	-2.4	-2.5	-2.5	8.8	0	诺斯罗普格鲁曼
E-2D "先进鹰眼"	2003	3784.3	10750.2	14534.5	193.794	95	75	4230.8	13556.9	17830.7	237.743	136	75	11.8	26.1	22.7	22.7	43.2	0	诺斯罗普格鲁曼
"亚瑟神剑" 精确制导增程炮弹	2003	754.2	3951.7	4705.9	0.061	136	76677	975.1	695.8	1670.9	0.237	171	7050	29.3	-82.4	-64.5	286.2	25.7	-90.8	雷声
远征战车	2000	1625.2	7299.8	9018.7	8.799	138	1025	3740.2	10208.4	14043.7	23.682	257	593	130.1	39.8	55.7	169.2	86.2	-42.1	通用
联合攻击战斗机	2001	38402.1	170372.1	210557.6	73.467	116	2866	53663.1	229467.6	283674.5	115.456	174	2457	39.7	34.7	34.7	57.2	50	-14.3	洛克希德·马丁
先进超视距终端	2006	1514.4	1627	3141.5	14.544	129	216	1735.2	2194.6	3929.9	16.172		243	14.6	34.9	25.1	11.2		12.5	波音

183

2011年（2011年美元价）

项目名称	项目开始时间	项目开始时成本（百万美元）				项目初始时间/月	初始采购数量	项目当时成本（百万美元）				项目预计时间/月	采购数量	项目当时成本增长（%）				项目时间增长（%）	采购数量增长（%）	主承包商
		研制开发成本	采购成本	总项目成本	项目单位成本			研制开发成本	采购成本	总项目成本	项目单位成本			研制开发成本增长	采购成本增长	总项目成本增长	项目单位成本增长			
"全球鹰"	2001	1026.3	4255	5312.4	84.323	55	63	3948.7	9481.6	13575.7	176.307		77	284.8	122.8	155.5	109.1		22.2	诺斯罗普·格鲁曼
GPS 3A	2008	2486.9	1396.3	3883.1	485.392		8	2615.2	1409.6	4024.8	503.099		8	5.2	1	3.6	3.6		0	洛克希德·马丁
"灰鹰"	2005	339.8	660.5	1000.2	200.046	50	5	875.3	2965.8	4844	372.613	87	13	157.6	349	384.3	86.3	74	160	通用
步兵旅战斗队增量1	2010	590	2594.2	3184.2	353.801	27	9	595.9	2661.7	3257.6	361.956	27	9	1	2.6	2.3	2.3	0	0	波音
联合空对地防区外导弹	1998	1004.7	1252.9	2281.6	0.924	75	2469	1462.3	5738.7	7201	1.435	87	5018	45.5	358	215.6	55.3	16	103.2	洛克希德·马丁
联合高速船	2009	126.5	3456	3582.5	199.028	48	18	125.7	3543.4	3669.1	203.836	50	18	-0.7	2.5	2.4	2.4	4.2	0	奥斯塔
联合地面攻击巡航导弹防御升级网络传感器系统	2005	1975.5	4520.7	6566.9	410.432	97	16	2154.7	5041.9	7378	461.122	97	16	9.1	11.5	12.4	12.4	0	0	雷声

项目名称	项目开始时间	项目开始时成本/百万美元				项目初始时间/月	初始采购数量	项目当时成本/百万美元				项目预计时间/月	采购数量	项目当时成本增长/（%）				项目时间增长/（%）	采购数量增长/（%）	主承包商
		研制开发成本	采购成本	总项目成本	项目单位成本			研制开发成本	采购成本	总项目成本	项目单位成本			研制开发成本增长	采购成本增长	总项目成本增长	项目单位成本增长			
								2011年（2011年美元价）												
联合精确靠近和着陆系统	2008	780.2	210.1	997.1	26.95	75	37	750.3	219	976.2	26.384	77	37	-3.8	4.2	-2.1	-2.1	2.7	0	雷声
联合战术无线电系统机载和海事电台	2008	1915.8	6117.1	8032.9	0.296	80	27102	1998.1	6213.7	8211.8	0.303	77	27102	4.3	1.6	2.2	2.2	-3.8	0	洛克希德·马丁
联合战术无线电系统陆基移动电台	2002	1004.8	16159.9	17164.7	0.158	55	108388	1697.3	14170.4	15867.7	0.182	127	87079	68.9	-12.3	-7.6	15.1	130.9	-19.7	波音
联合战术无线电系统手持、背负型	2004	536.6	9352.6	9889.2	0.03	85	328674	896.2	3889.9	4786.2	0.022	104	215961	67	-58.4	-51.6	-26.3	22.4	-34.3	通用
LHA两栖攻击舰替换项目	2006	217.6	2915.4	3133	3133.034	146	1	286	6100	6387.3	3193.635	159	2	31.4	109.2	103.9	1.9	8.9	100	诺斯罗普·格鲁曼

（续）

2011年（2011年美元价）

项目名称	项目开始时间	项目开始时成本（百万美元）						项目当时成本（百万美元）				项目预计时间/月	采购数量	项目当时成本增长（%）				项目时间增长（%）	采购数量增长（%）	主承包商
		研制开发成本	采购成本	总项目成本	项目单位成本	项目初始时间/月	初始采购数量	研制开发成本	采购成本	总项目成本	项目单位成本			研制开发成本增长	采购成本增长	总项目成本增长	项目单位成本增长			
移动用户目标系统	2004	3593.8	2990.2	6622	1103.658	90	6	4151.8	2613.3	6830.2	1138.361	112	6	15.5	-12.6	3.1	3.1	24.4	0	洛克希德·马丁
海军多终端	2006	687	1599.8	2286.8	6.867	107	333	660.9	1143.7	1804.7	5.936	107	304	-3.8	-28.5	-21.1	-13.6	0	-8.7	雷声
P-8A "波塞冬"	2004	7420.2	23020.1	30575.9	265.877	160	115	7795	23738.8	32352.6	265.186	160	122	5.1	3.1	5.8	-0.3	0	6.1	波音
"爱国者"/MEADS联合项目发射单元	2004	5229.5	13847.8	19077.3	397.444	157	48	4820.3	13693	18513.3	385.694	157	48	-7.8	-1.1	-3	-3	0	0	MEADS
"收割者"无人机系统	2008	413.9	2080.2	2597.9	24.742	79	105	806.2	10171.9	11131.8	28.47	82	391	94.8	389	328.5	15.1	3.8	272.4	通用
天基红外系统	1996	4304.5	0	4520.6	904.111	86	5	10626.7	5065.3	15938.5	2656.409		6	146.9	252.6	252.6	193.8		20	洛克希德·马丁

186

项目名称	项目开始时间	项目开始时成本/百万美元				项目初始时间/月	初始采购数量	2011年（2011年美元价）							项目当时成本增长/（%）						主承包商
		研制开发成本	采购成本	总项目成本	项目单位成本			项目当时成本/百万美元			项目单位成本	项目预计时间/月	采购数量	研制开发成本增长	采购成本增长	总项目成本增长	项目单位成本增长	项目时间增长/（%）	采购数量增长/（%）	
								研制开发成本	采购成本	总项目成本										
"标准"号弹6增程主动导弹	2004	1057.9	4558.1	5616	4.68	75	1200	972	5160.9	6132.8	5.111	87	1200	-8.1	13.2	9.2	9.2	16	0	雷声
垂直起降无人驾驶飞行器	2006	589.1	1657.7	2576.3	14.555	104	177	664.8	1881.3	2547.2	14.555	141	175	12.8	13.5	-1.1	0	35.6	-1.1	诺斯罗普·格鲁曼
"弗吉尼亚"级核潜艇	1995	4436.5	55113.7	59550.2	1985.005	134	30	7076.9	76492.6	83569.4	2785.648	151	30	59.5	38.8	40.3	40.3	12.7	0	通用
作战人员战术信息网增量2	2007	235	3418.3	3653.3	1.93	50	1893	268.5	4469.9	4738.4	2.138	65	2216	14.3	30.8	29.7	10.8	30	17.1	通用
作战人员战术信息网增量3	2009	2647.4	13477.9	16125.3	4.631	165	3482	2189.2	11476.8	13666	4.261	187	3207	-17.3	-14.8	-15.3	-8	13.3	-7.9	通用

2012 年（2012 年美元价）

项目名称	项目开始时间	项目开始时成本/百万美元						项目当时成本/百万美元				项目预计时间/月	采购数量	项目当时成本增长（%）				项目时间增长（%）	采购数量增长（%）	主承包商
		研制开发成本	采购成本	总项目成本	项目单位成本	项目初始时间/月	初始采购数量	研制开发成本	采购成本	总项目成本	项目单位成本			研制开发成本增长	采购成本增长	总项目成本增长	项目单位成本增长			
AGM-88E 先进反辐射导弹	2003	637.2	963.6	1600.7	0.894	85	1790	722.2	1180	1902.3	0.991	104	1919	13.4	22.5	18.8	10.9	22.4	7.2	ATK
"阿帕奇" Block3A	2006	1155.6	6086.9	7242.5	12.031	79	602	1640.3	9096.8	10737	16.803	82	639	41.9	49.4	48.3	39.7	3.8	6.1	波音
陆军综合防空和导弹防御能力	2009	1595.2	3433.4	5028.6	16.988	80	296	2019.8	3509	5528.8	18.678	81	296	26.6	2.2	9.9	9.9	1.3	0	诺斯罗普·格鲁曼
B-2 极高频卫通信能力增量1	2007	586.4	123.5	710	33.808	85	21	497.7	127.4	625.2	31.258	91	20	-15.1	3.1	-11.9	-7.5	7.1	-4.8	诺斯罗普·格鲁曼
陆上 "宙斯盾"	2010	835.1		835.1	417.565		2	1418.6		1418.6	472.864		3	69.9		69.9	13.2	7.1	50	多承包商
"宙斯盾" 弹道导弹防御标准导弹-3Block2A	2010	2062.7		2062.7				2521.8		2521.8				22.3		22.3				洛克希德·马丁

（续）

项目名称	项目开始时间	项目开始时成本/百万美元				项目初始时间/月	初始采购数量	2012年（2012年美元价）					项目预计时间/月	采购数量	项目当时成本增长/（%）				项目时间增长（%）	采购数量增长（%）	主承包商
		研制开发成本	采购成本	总项目成本	项目单位成本			项目当时成本/百万美元													
								研制开发成本	采购成本	总项目成本	项目单位成本			研制开发成本增长	采购成本增长	总项目成本增长	项目单位成本增长			
C-130运输机飞行控制系统现代化改进项目	2001	775.4	3356.8	4132.3	7.962		519	1948.3	4256	6204.3	28.074		221	151.3	26.8	50.1	252.6		-57.4	波音
CH-53重型直升机更换	2005	4378.9	12178.3	16557.1	106.136	119	156	6058.1	16381.7	22439.9	112.199	157	200	38.3	34.5	35.5	5.7	31.9	28.2	西科斯基
CVN-78级航母	2004	4803.3	30770.8	35547.1	11858.04	137	3	4646.8	29346.8	33993.6	11331.185	155	3	-3.3	-4.6	-4.4	-4.4	13.1	0	亨延顿英格尔斯
DDG 1000驱逐舰	1998	2277.9	32522.1	34800	1087.5	128	32	10378.4	10607.2	20985.6	6995.214	222	3	355.6	-67.4	-39.7	543.2	73.4	-90.6	BAE系统
E-2D"先进鹰眼"	2003	3841	10911.1	14752	196.694	95	75	4537.9	13167.1	17747.3	236.63	136	75	18.1	20.7	20.3	20.3	43.2	0	诺斯罗普格鲁曼

189

（续）

项目名称	项目开始时成本/百万美元							2012年（2012年美元价）						项目当时成本增长/（%）						主承包商
	项目开始时间	研制开发成本	采购成本	总项目成本	项目单位成本	项目初始时间/月	初始采购数量	研制开发成本	采购成本	总项目成本	项目单位成本	项目预计时间/月	采购数量	研制开发成本增长	采购成本增长	总项目成本增长	项目单位成本增长	项目时间增长（%）	采购数量增长（%）	
"亚逐神剑"精确制导增程炮弹	2003	765.5	4010.8	4776.2	0.062	136	76677	1068.3	712.1	1780.5	0.238	173	7474	39.6	-82.2	-62.7	282.4	27.2	-90.3	雷声
联合攻击战斗机	2001	38976.7	172921.4	213708.2	74.567	116	2866	58387.6	267595.6	326535.2	132.9		2457	49.8	54.7	52.8	78.2		-14.3	洛克希德·马丁
先进超视距终端	2006	1537.1	1651.4	3188.5	14.762	129	216	2338.7	2349.6	4688.3	19.058	174	246	52.2	42.3	47	29.1	34.9	13.9	波音
"全球鹰"	2001	1041.6	4318.8	5392	85.588	55	63	4769.3	7877.4	12811.6	232.938	125	55	357.9	82.4	137.6	172.2	127.3	-12.7	诺斯罗普·格鲁曼
GPS3	2008	2524.2	1417.2	3941.4	492.672		8	2694.8	1515.8	4210.6	526.323		8	6.8	7	6.8	6.8		0	洛克希德·马丁
"灰鹰"无人机系统	2005	344.9	670.4	10152.2	203.046	50	5	946.2	3400.2	5158.9	166.416		31	174.4	407.2	408.2	-18		520	通用
HC/MC-130项目重组	2010	153.2	7699.3	8364.2	113.029		74	152.8	12621.9	13090.8	107.302		122	-0.3	63.9	56.5	-5.1		64.9	洛克希德·马丁
综合防御电子对抗Block4	2008	220.2	474.2	694.4	4.34	59	160	252	569.5	821.5	4.324	54	190	14.5	20.1	18.3	-0.4	18.8	-8.5	ITT电子

（续）

项目名称	项目开始时的成本/百万美元					项目初始时间/月	初始采购数量	项目当时成本/百万美元				项目预计时间/月	采购数量	项目当时成本增长（%）				项目时间增长（%）	采购数量增长（%）	主承包商
	项目开始时间	研制开发成本	采购成本	总项目成本	项目单位成本			研制开发成本	采购成本	总项目成本	项目单位成本			研制开发成本增长	采购成本增长	总项目成本增长	项目单位成本增长			
联合高速船	2009	128.4	3507.9	3636.4	202.02	48	18	138	3536.1	3674.1	204.116	50	18	7.4	0.8	1	1	4.2	0	奥斯塔
联合地面攻击巡航导弹防御升级网络传感系统	2005	2005.5	4588.7	6665.9	416.619	97	16	2523.2	5199.4	7857.8	491.112	103	16	25.8	13.3	17.9	17.9	6.2	0	雷声
联合精确靠近和着陆系统	2008	792.1	213.2	1012.3	27.359	75	37	753.5	222.7	983.3	26.575	77	37	-4.9	4.4	-2.9	-2.9	2.7	0	雷声
机载和海事/固定电台联合战术无线电系统	2008	1945	6209	8154.1	0.301	80	27102	1957	6203.8	8160.8	0.301	91	27102	0.6	-0.1	0.1	0.1	13.8	0	洛克希德·马丁

（续）

2012年（2012年美元价）

项目名称	项目开始时间	项目开始时成本/百万美元				项目初始时间/月	初始采购数量	项目当时成本/百万美元				项目预计时间/月	采购数量	项目当时成本增长/（%）				项目时间增长/（%）	采购数量增长/（%）	主承包商
		研制开发成本	采购成本	总项目成本	项目单位成本			研制开发成本	采购成本	总项目成本	项目单位成本			研制开发成本增长	采购成本增长	总项目成本增长	项目单位成本增长			
联合战术无线电系统手持-背负型	2004	544.7	9492.8	10037.5	0.031	85	328674	1272.3	7085.7	8357.9	0.031	104	270951	133.6	-25.4	-16.7	1	22.4	-17.6	通用
LHA两栖攻击舰替换项目	2006	220.9	2959.2	3180.2	3180.15	146	1	350.9	9742.8	10095.2	3365.053	165	3	58.8	229.2	217.4	5.8	13	200	亨延顿英格尔斯
濒海战斗舰	2004	887	471.6	1358.6	339.6	41	4	3520.1	29136.1	32867.8	597.596	116	55	296.9	6078.2	2319.3	76	182.9	1275	奥斯塔
濒海战斗舰-任务组件	2007	491.8	3259.2	3751			64	1652.4	1228	2880.4			65	236	-62.3	-23.2			1.6	多承包商
移动用户目标系统	2004	3647.7	3035	6721.3	1120.222	90	6	4218.3	2694.3	6978.2	1163.035	116	6	15.6	-11.2	3.8	3.8	28.9	0	洛克希德马丁

项目名称	项目开始时间	项目开始时成本/百万美元						2012年（2012年美元价）						项目当时成本增长/(%)						主承包商
								项目当时成本/百万美元												
		研制开发成本	采购成本	总项目成本	项目单位成本	项目初始时间/月	初始采购数量	研制开发成本	采购成本	总项目成本	项目单位成本	项目预计时间/月	采购数量	研制开发成本增长	采购成本增长	总项目成本增长	项目单位成本增长	项目时间增长(%)	采购数量增长(%)	
MQ-4C 广域海上监视无人机系统	2009	3141.7	9323.4	12847.6	183.537	92	70	3245.6	9413.9	13052.4	186.463	92	70	3.3	1	1.6	1.6	0	0	诺斯罗普·格鲁曼
海事多终端	2006	697.2	1623.7	2321	6.97	107	333	666.2	1214.4	1880.7	6.186	107	304	-4.4	-25.2	-19	-11.2	0	-8.7	雷声
P-8A "波塞冬"	2004	7531.5	23365.2	31034	269.864	160	115	8215.3	24157.2	32969.3	270.24	160	122	9.1	3.4	6.2	0.1	0	6.1	波音
"收割者"无人机	2008	420.1	2111.5	2637.1	25.115	79	105	920.3	10848.3	11918.7	29.871	94	399	119.1	413.8	352	18.9	19	280	通用
小直径炸弹增量2	2010	1644.8	3057.3	4702.1	0.274	72	17163	1642.5	3053.1	4695.6	0.274	72	17163	-0.1	-0.1	-0.1	-0.1	0	0	雷声
天基红外系统	1996	4376.3	0	4596.5	919.301	86	5	11586.3	6429.3	18266.7	3044.443		6	164.7		297.4	231.2		20	洛克希德·马丁

193

（续）

项目名称	项目开始时间成本/百万美元							2012年（2012年美元价）						项目当时成本增长（%）						主承包商
	项目开始时间	研制开发成本	采购成本	总项目成本	项目单位成本	项目初始时间/月	初始采购数量	研制开发成本	采购成本	总项目成本	项目单位成本	项目预计时间/月	采购数量	研制开发成本增长	采购成本增长	总项目成本增长	项目单位成本增长	项目时间增长（%）	采购数量增长（%）	
"标准"导弹6增程主动导弹	2004	1073.8	4626.4	5700.2	4.75	75	1200	973.5	5323.2	6296.7	5.247	94	1200	-9.3	15.1	10.5	10.5	25.3	0	雷声
垂直起降无人驾驶飞行器	2006	598	1682.6	2615.4	14.776	104	177	682.1	1933.2	2615.4	14.945	148	175	14.1	14.9	0	1.1	42.3	-1.1	诺斯罗普格鲁曼
作战人员战术信息网增量2	2007	238.6	3469.8	3708.4	1.959	50	1893	279.2	5773.5	6052.7	2.127	71	2846	17	66.4	63.2	8.6	42	50.3	通用
作战人员战术信息网增量3	2009	2687.4	13680.3	16367.7	4.701	165	3482	2222.3	11649.1	13871.4	4.325	187	3207	-17.3	-14.8	-15.3	-8	13.3	-7.9	通用

194

2013 年（2013 年美元价）

项目名称	项目开始时成本/百万美元							项目当时成本/百万美元						项目当时成本增长/%						主承包商
	项目开始时间	研制开发成本	采购成本	总项目成本	项目单位成本	项目初始时间/月	初始采购数量	研制开发成本	采购成本	总项目成本	项目单位成本	项目预计时间/月	采购数量	研制开发成本增长	采购成本增长	总项目成本增长	项目单位成本增长	项目时间增长/(%)	采购数量增长/(%)	
AH-64E "阿帕奇"改型	2006	1189.3	6264.1	7453.4	12.381	79	602	1529.7	10259.4	11789.2	18.449	88	639	28.6	63.8	58.2	49	11.4	6.1	波音
AIM-9XBlock2 空对空导弹	2011	174.9	3936.3	4111.2	0.685	39	6000	178.8	3810.8	3989.6	0.665	39	6000	2.2	-3.2	-3	-3	0	0	雷声
An/TPS-80 地空面向任务雷达	2005	364.3	1144.1	1508.4	23.569	66	64	893.1	2135.1	3034.3	53.233	132	57	145.1	86.6	101.2	125.9	100	-10.9	诺斯罗普·格鲁曼
CH-53K 重型直升机替代	2005	4506.4	12532.9	17039.2	109.226	119	156	6182.9	16971.3	23172.8	115.864	157	200	37.2	35.4	36	6.1	31.9	28.2	西科斯基
DDG1000 驱逐舰	1998	2244.3	33469.7	35814	1119.188	128	32	10331.1	11142.5	21473.6	7157.872	222	3	340.7	-66.7	-40	539.6	73.4	-90.6	BAE
E-2D "先进鹰眼"	2003	3952.6	11228.1	15180.7	202.409	95	75	5000.2	14893.9	19938.4	265.845	136	75	26.5	32.6	31.3	31.3	43.2	0	诺斯罗普·格鲁曼

（续）

项目名称	项目开始时间	项目开始时成本/百万美元				项目初始时间/月	初始采购数量	2013年（2013年美元价）				项目预计时间/月	采购数量	项目当时成本增长/%				项目时间增长（%）	采购数量增长（%）	主承包商
		研制开发成本	采购成本	总项目成本	项目单位成本			研制开发成本	采购成本	总项目成本	项目单位成本			研制开发成本增长	采购成本增长	总项目成本增长	项目单位成本增长			
改进型一次性运载火箭	1998	1832.3	16049.9	17882.2	98.797		181	2329	32726.9	35055.9	381.042	120	92	27.1	103.9	96	285.7		-49.2	联合发射服务
"亚惡神剑"精确155mm炮弹	2003	787.8	4127.6	4915.4	0.064		76677	1108.3	730.3	1838.6	0.246	202	7474	40.7	-82.3	-62.6	283.8		-90.3	雷声
联合攻击战斗机	2001	40109.3	177946.1	219918	76.733	116	2866	60690.8	271194.8	336124.4	136.803		2457	51.3	52.4	52.8	78.3		-14.3	洛克希德·马丁
先进超视距终端	2006	1581.8	1699.4	3281.1	15.19	129	216	2347.4	2235.2	4582.6	18.629	246	246	48.4	31.5	39.7	22.6		13.9	波音
"福特"级核动力航母	2004	4943	31665.7	36608.7	12202.891	137	3	4663.9	30814	35515.3	11838.435	155	3	-5.6	-2.7	-3	-3	13.14	0	亨延顿英格斯
GPS3	2008	2597.6	1458.4	4056	506.999		8	2708.1	1530.5	4238.7	529.836		8	4.3	4.9	4.5	4.5		0	洛克希德马丁
HC/MC-130J资本重组项目	2010	157.7	7923.3	8607.5	116.317		74	163.7	12623.4	13115.7	107.506	122	122	3.8	59.3	52.4	-7.6		64.9	洛克希德·马丁

196

（续）

项目名称	项目开始时成本/百万美元							2013年（2013年美元价）						项目当时成本增长/%						主承包商
	项目开始时间	研制开发成本	采购成本	总项目成本	项目单位成本	项目初始时间/月	初始采购数量	研制开发成本	采购成本	总项目成本	项目单位成本	项目预计时间/月	采购数量	研制开发成本增长	采购成本增长	总项目成本增长	项目单位成本增长	项目时间增长/（%）	采购数量增长/（%）	
集成防空和导弹防御	2009	1641.6	3533.3	5174.9	17.483	80	296	2229.6	3697.8	5927.4	12.747	81	465	35.8	4.7	14.5	-24.1	1.3	57.1	诺斯罗普·格鲁曼
集成防空电子对抗Block4	2008	226.6	487.9	714.5	4.446	59	160	255.4	605.7	861.1	4.532	56	190	12.7	24.1	20.5	1.5	-5.1	18.8	ITT电子
联合空对空防区外导弹增程	2011	280.7	3558.2	3838.9	1.517		2531	286.8	3071.9	3358.7	1.327	123	2531	2.2	-13.7	-12.5	-12.5		0	洛克希德·马丁
联合高速舰船	2009	132.2	3609.6	3741.8	208.875	78	18	128.6	2012.5	2141.1	214.113	89	10	-2.7	-44.2	-42.8	3	14.1	-44.4	奥斯塔
联合精确接近和着陆系统增量1A	2008	815.1	219.4	1014.6	28.152	75	37	767.9	238.8	1013.8	27.401	95	37	-5.8	8.8	-2.7	-2.7	26.7	0	雷声
联合战术无线电系统手持背负式	2004	560.5	9768.6	10329.1	0.031	85	328674	1242.9	7316.3	8559.2	0.032	112	271202	121.7	-25.1	-17.1	0.4	31.8	-17.5	通用

（续）

项目名称	项目开始时间	项目开始时的成本/百万美元						2013年（2013年美元价）						项目当时成本增长/%						主承包商
		研制开发成本	采购成本	总项目成本	项目单位成本	项目初始时间/月	初始采购数量	研制开发成本	采购成本	总项目成本	项目单位成本	项目预计时间/月	采购数量	研制开发成本增长	采购成本增长	总项目成本增长	项目单位成本增长	项目时间增长/（%）	采购数量增长/（%）	
KC-46现代化项目	2011	7051.7	34238.7	45097.3	251.94	78	179	7166.9	33911.2	44779.6	250.165	78	179	1.6	-1	-0.7	-0.7	0	0	波音
LHA 6"美国"级两栖攻击舰	2006	227.4	3045.4	3272.7	3272.748	146	1	380.3	9787.8	10169.9	3389.976	177	3	67.3	221.4	210.7	3.6	21.2	200	亨廷顿英格维斯
濒海战斗舰	2004	912.7	485.3	1398	349.5	41	4	3585	28487.9	32286.8	587.032	116	55	292.8	5770.2	2209.5	68	182.9	1275	奥斯塔
濒海战斗舰任务组件	2007	506.1	3353.9	3869.4			64	1996.3	1585.9	3582.2			65	294.5	-52.7	-7.4			1.6	诺斯罗普·格鲁曼
移动动用户目标系统	2004	3753.6	3123.2	6916.6	1152.764	90	6	4440.7	2837.8	7345.9	1224.325	90	6	18.3	-9.1	6.2	6.2	0	0	洛克希德·马丁
MQ-1C无人机"灰鹰"	2005	354.9	689.9	1044.7	208.944	50	5	982.6	3264.5	4745.3	153.076	95	31	176.9	373.2	354.2	-26.7	90	520	通用
MQ-4C广域海上监视无人机系统	2009	3232.7	9593.6	13220	188.857	92	70	3265.8	9653.5	13240.9	189.156	93	70	1	0.6	0.2	0.2	1.1	0	诺斯罗普·格鲁曼
MQ-9无人机系统"收割者"	2008	432.3	2172.8	2713.6	25.844	79	105	1085.4	11236.9	12466.4	30.857	100	404	151.1	417.2	359.4	19.4	26.6	284.8	通用

198

项目名称	项目开始时成本/百万美元							2013年（2013年美元价）						项目当时成本增长%						主承包商
								项目当时成本/百万美元												
	项目开始时间	研制开发成本	采购成本	总项目成本	项目单位成本	项目初始时间/月	初始采购数量	研制开发成本	采购成本	总项目成本	项目单位成本	项目预计时间/月	采购数量	研制开发成本增长	采购成本增长	总项目成本增长	单位成本增长	项目时间增长（%）	采购数量增长（%）	
海事多终端	2006	717.5	1670.9	2388.4	7.172	107	333	686.8	1226.5	1923.3	6.918	109	278	-2.9	-26.6	-19.5	-3.5	1.9	-16.5	雷声
P-8A "波塞冬"	2004	7750.2	24044	31935.9	277.703	160	115	8542	24569.5	33637.7	275.719	160	122	10.2	2.2	5.3	-0.7	0	6.1	波音
RQ-4A/B "全球鹰"无人机	2001	1071.9	4444.4	5548.9	88.077	55	63	3971.8	5914.2	10021	222.69	125	45	270.5	33.1	80.6	152.8	127.3	-28.6	诺斯罗普·格鲁曼
小直径炸弹增量2	2010	1692.6	3146.2	4838.8	0.282	72	17163	1633.7	2221.9	3855.6	0.225	72	17163	-3.5	-29.4	-20.3	-20.3	0	0	雷声
天基红外系统	1996	4504	0	4730.6	946.121	86	5	11564.3	6955	18777.6	3129.607		6	156.8		296.9	230.8		20	洛克希德·马丁
"标准"号弹6增程主动导弹	2004	1105	4760.8	5865.8	4.888	75	1200	996.5	5171.3	6167.8	5.14	106	1200	-9.8	8.6	5.1	5.1	41.3	0	雷声
垂直起降无人驾驶飞行器	2006	615.4	1731.6	2691.5	15.206	104	177	696.7	1972.7	2669.4	15.253	83	175	13.2	13.9	-0.8	0.3		-1.1	诺斯罗普·格鲁曼
作战人员信息战术信息网增量2	2007	245.5	3570.4	3815.9	2.016	50	1893	395.5	5949.4	6244.8	2.194	83	2846	20.3	66.6	63.7	8.9	66	50.3	通用
作战人员信息战术信息网增量3	2009	2765.6	14078.2	16843.2	4.837	165	3482	2350.3	10465.4	12815.8	4.156	189	3084	-15	-25.7	-23.9	-14.1	14.6	-11.4	通用

2014年（2014年美元价）

项目名称	项目开始时间	项目开始时成本/百万美元				项目初始时间/月	初始采购数量	项目当时成本/百万美元				项目预计时间/月	采购数量	项目当时成本增长/%				项目时间增长（%）	采购数量增长（%）	主承包商
		研制开发成本	采购成本	总项目成本	项目单位成本			研制开发成本	采购成本	总项目成本	项目单位成本			研制开发成本增长	采购成本增长	总项目成本增长	项目单位成本增长			
AIM-9X Block2 空对空导弹	2011	178.8	4023	4201.8	0.7	39	6000	224.5	3568	3792.5	0.632		6000	25.6	-11.3	-9.7	-9.7		0	雷声
CH-53K 重型直升机替代直升机	2005	4605.4	12808.2	17413.3	111.625	119	156	6395.4	18366.2	24805.5	124.028	157	200	38.9	43.4	42.4	11.1	31.9	28.2	西科斯基
DDG 1000 驱逐舰	1998	2395.9	34205.7	36601.6	1143.799	128	32	10593.2	11406.4	21999.6	7333.213	222	3	342.2	-66.7	-39.9	541.1	73.4	-90.6	BAE系统
改进型一次性运载火箭	1998	1872.6	16403.2	18275.9	100.972		181	2460.6	61463.2	63923.7	420.551	120	152	31.4	274.7	249.8	316.5		-16	联合发射服务
"亚逊神剑"精确155mm炮弹	2003	805.1	4218.4	5023.5	0.066		76677	1137.6	702	1839.6	0.281	206	6555	41.3	-83.4	-63.4	328.4		-91.5	雷声
联合攻击战斗机	2001	40995.1	181875.9	224774.7	78.428	116	2866	61795.8	266469.1	332320	135.254	237	2457	50.7	46.5	47.8	72.5	104.3	-14.3	洛克希德·马丁
先进超视距终端	2006	1616.7	1736.9	3353.6	15.526	129	216	2406	2212	4618	18.772	204	246	48.8	27.4	37.7	20.9	58.1	13.9	波音

项目名称	项目开始时间	项目开始时成本/百万美元 研制开发成本	采购成本	总项目成本	项目单位成本	项目初始时间/月	初始采购数量	2014年（2014年美元价）项目当时成本/百万美元 研制开发成本	采购成本	总项目成本	项目单位成本	项目预计时间/月	采购数量	项目当时成本增长% 研制开发成本增长	采购成本增长	总项目成本增长	项目单位成本增长	项目时间增长/(%)	采购数量增长/(%)	主承包商
"福特"级核动力航母	2004	5051.9	32363.3	37415.2	12471.733	137	3	4867.4	31081.1	36008.1	12002.694	155	3	-3.7	-4	-3.8	-3.8	13.1	0	亨廷顿英格维斯
GPS3	2008	2654.8	1490.5	4145.4	518.169	66	8	2795	1581.5	4376.5	547.059	133	8	5.3	6.1	5.6	5.6	101.5	0	洛克希德马丁
地空面向任务雷达	2005	372.4	1169.3	1541.7	24.089	80	64	981.1	1668.7	2656.1	46.597	133	57	163.5	42.7	72.3	93.4		-10.9	诺斯罗普格鲁曼
集成防空和导弹防御	2009	1677.7	3611	5288.7	17.867		296	2405	3399	5804	12.984	81	447	43.4	-5.9	9.7	-27.3	1.2	51	诺斯罗普格鲁曼
联合空对地防区外导弹增程	2011	286.8	3636.3	3923.1	1.55		2531	253.6	3670.3	3923.9	1.318	130	2978	-11.6	0.9	0	-15		17.7	洛克希德希德马丁
联合轻型战术车	2012	1001.1	22661.3	23699.8	0.433	125	54730	981	22651.7	23650.5	0.432	125	54730	-2	0	-0.2	-0.2	0	0	通用

项目名称	项目开始时间	项目开始时成本/百万美元						2014年（2014年美元价）项目当时成本/百万美元						项目当时成本增长/%						主承包商
		研制开发成本	采购成本	总项目成本	项目单位成本	项目初始时间/月	初始采购数量	研制开发成本	采购成本	总项目成本	项目单位成本	项目预计时间/月	采购数量	研制开发成本增长	采购成本增长	总项目成本增长	项目单位成本增长	项目时间增长/（%）	采购数量增长/（%）	
联合精确接近着陆系统增量1A	2008	833.1	224.3	1064.7	28.775	75	37	859.3	257.7	1124.2	30.385	96	37	3.1	14.9	5.6	5.6	28	0	雷声
联合战术无线电系统手持背负式	2004	572.9	9984	10556.9	0.032	85	328674	1255.8	7680.2	8935.9	0.033	112	271202	119.2	-23.1	-15.4	2.6	31.8	-17.5	通用
KC-46现代化项目	2011	7206.3	34992.9	46090	257.486	78	179	7045.5	33848.5	44519.2	284.71	78	179	-2.2	-3.3	-3.4	-3.4	0	0	波音
LHA 6"美国"级两栖攻击舰	2006	232.4	3112.3	3344.6	3344.647	146	1	397.1	9710.6	10109.7	3369.91	177	3	70.9	212	202.3	0.8	21.2	200	惠廷顿英格维斯
濒海战斗舰	2004	932.9	496	1428.9	357.225	41	4	3596.3	26214.6	30027	577.442	122	52	285.5	5185.2	2001.4	61.6	197.6	1200	奥斯塔
濒海战斗舰任务组件	2007	517.2	3427.8	3954.7	61.792		64	3103.4	4108.7	7243.5	113.18		64			19.9				诺斯罗普•格鲁曼

（续）

项目名称	项目开始时成本/百万美元							2014 年（2014 年美元价）												主承包商
								项目当时成本/百万美元						项目当时成本增长/%						
	项目开始时间	研制开发成本	采购成本	总项目成本	项目单位成本	项目初始时间/月	初始采购数量	研制开发成本	采购成本	总项目成本	项目单位成本	项目预计时间/月	采购数量	研制开发成本增长	采购成本增长	总项目成本增长	项目单位成本增长	项目时间增长/（%）	采购数量增长/（%）	
移动用户目标系统	2004	3836.4	3192.1	7069.1	1178.786	90	6	4511.6	2867.4	7448.1	1241.345		6	17.6	-10.2	5.4	5.4		0	洛克希德·马丁
MQ-1C 无人机 "灰鹰"	2005	362.7	705.1	1067.8	213.552	50	5	1006.5	3227.8	4859.2	156.75	95	31	177.5	357.8	355.1	-26.6	90	520	通用
MQ-4C 广域海上监视无人机系统	2009	3304.2	9805.7	13512.2	193.032	92	70	3639	9592.7	13544.2	193.488	109	70	10.1	-2.2	0.2	0.2	18.4	0	诺斯罗普·格鲁曼
MQ-8	2006	629	1769.6	2750.7	15.54	104	177	711.8	2099.4	2811.2	16.064	169	175	13.2	18.6	2.2	3.4	62.5	-1.1	诺斯罗普·格鲁曼
MQ-9 无人机系统 "收割者"	2008	441.9	2220.7	2773.5	26.414	79	105	1613	10826.4	12517.3	30.983	100	404	265	387.5	351.3	17.3	26.6	284.8	通用

（续）

2014年（2014年美元价）

项目名称	项目开始时间	项目开始时成本/百万美元				项目初始时间/月	初始采购数量	项目当时成本/百万美元				项目预计时间/月	采购数量	项目当时成本增长/%						主承包商
		研制开发成本	采购成本	总项目成本	项目单位成本			研制开发成本	采购成本	总项目成本	项目单位成本			研制开发成本增长	采购成本增长	总项目成本增长	项目单位成本增长	项目时间增长/（%）	采购数量增长/（%）	
P-8A "波塞冬"	2004	7921.2	24574.2	32640.1	283.827	160	115	8826.6	25122.3	34336	281.442	164	122	11.4	2.2	5.2	-0.8	2.5	6.1	波音
"帕拉丁"集成管理	2012	1060.1	5973.4	7033.5	12.085	118	582	1101.7	5886.3	6987.9	12.523	118	558	3.9	-1.5	-0.6	3.6	0	-4.1	BAE系统
RQ-4A/B "全球鹰"无人机	2001	1095.6	4542.3	5671.1	90.017	55	63	4028.2	5708.1	9874.5	219.432		45	267.7	25.7	74.1	143.8		-28.6	诺斯罗普·格鲁曼
两栖飞行器	2012	585.4	3552.6	4157.6	56.953	135	73	571.2	3462.9	4053.3	55.524	135	73	-2.4	-2.5	-2.5	-2.5	0	0	得事龙
小直径炸弹增量2	2010	1729.7	3215.2	4944.9	0.288	72	17163	1649.5	2177.3	3826.7	0.223	79	17163	-4.6	-32.3	-22.6	-22.6	9.7	0	雷声
作战人员信息网增量2	2007	250.9	3649.2	3900.2	2.06	50	1893	296.6	4749.6	5046.2	2.341	74	2156	18.2	30.2	29.4	13.6	48	13.9	通用
作战人员信息网增量3	2009	2826.4	14387.9	17214.3	4.944	165	3482	2563	12850.7	15413.7	4.388	199	3513	-9.3	-10.7	-10.5	-11.3	20.6	0.9	通用

2015 年（2015 年美元价）

项目名称	项目开始时间	项目开始时成本/百万美元				项目初始时间/月	初始采购数量	项目当时成本/百万美元				项目预计时间/月	采购数量	项目当时成本增长/%						主承包商
		研制开发成本	采购成本	总项目成本	项目单位成本			研制开发成本	采购成本	总项目成本	项目单位成本			研制开发成本增长	采购成本增长	总项目成本增长	项目单位成本增长	项目时间增长/（%）	采购数量增长/（%）	
AIM-9X Block2 空对空导弹	2011	180	4051.3	4231.3	0.705	39	6000	374	3248.8	3622.9	0.604	45	6000	107.8	-19.8	-14.4	-14.4	15.4	0	雷声
航空导弹防御系统	2013	1919.9	3970.8	5920.4	269.11	158	22	1766.3	3396.8	5192.6	236.028	156	22	-8	-14.5	-12.3	-12.3	-1.3	0	雷声
机载和海事/固定电台联合战术无线电系统	2008	2060	6576	8636	0.319	80	27102	1573.9	1884.1	3458	0.221	223	15652	-23.6	-71.3	-60	-30.7	178.8	-42.2	洛克希德·马丁
CH-53K 重型直升机替代直升机	2005	4637.7	12898.2	17535.9	112.409	119	156	6735.2	18559.2	25335.5	126.677	163	200	45.2	43.9	44.5	12.7	37	28.2	西科斯基
DDG 1000 驱逐舰	1998	2412.7	34445.7	36858.3	1151.823	128	32	10608	11888.8	22496.9	7498.954	248	3	339.7	-65.5	-39	551.1	93.8	-90.6	BAE系统
改进型一次性运载火箭	1998	1885.8	16518.3	18404.1	101.68		181	2448.1	58916.3	61364.4	376.469	120	163	29.8	256.7	233.4	270.2	-9.9		联合发射服务

（续）

项目名称	项目开始时间	项目开始时成本/百万美元				项目初始时间/月	初始采购数量	2015 年（2015 年美元价）项目当时成本/百万美元				项目预计时间/月	采购数量	项目当时成本增长/%				项目时间增长/（%）	采购数量增长/（%）	主承包商
		研制开发成本	采购成本	总项目成本	项目单位成本			研制开发成本	采购成本	总项目成本	项目单位成本			研制开发成本增长	采购成本增长	总项目成本增长	项目单位成本增长			
"亚德神剑"精确155mm炮弹	2003	810.8	4248.3	5059.1	0.066		76677	1143.7	790.4	1934.1	0.259	206	7474	41.1	-81.4	-61.8	292.2		-90.3	雷声
F-22a增量3.2B	2013	1238	349.1	1587.1	10.442	72	152	1223.3	341.7	1564.9	10.296	75	152	-1.2	-2.1	-1.4	-1.4	4.2	0	洛克希德·马丁
联合攻击战斗机	2001	41283.2	183154.4	226354.8	78.979	116	2866	62000.1	273070.7	338949.6	137.953	237	2457	50.2	49.1	49.7	74.7	104.3	-14.3	洛克希德·马丁
先进超视距终端	2006	1628.1	1749.1	3377.2	15.635	129	216	2471.6	2286	4757.7	18.369	207	259	51.8	30.7	40.9	17.5	60.5	19.9	雷声
"福特"级核动力航母	2004	5087.7	32592.8	37680.5	12560.151	137	3	4903.1	31314.7	36295.9	12098.639	155	3	-3.6	-3.9	-3.7	-3.7	13.1	0	惠廷顿英格维斯
GPS3	2008	2673.6	1501.1	4174.7	521.843		8	2961.6	1683.7	4645.3	580.668		8	10.8	12.2	11.3	11.3		0	洛克希德·马丁

（续）

项目名称	项目开始时间	项目开始时成本/百万美元				项目初始时间/月	初始采购数量	2015年（2015年美元价）项目当时成本/百万美元				项目预计时间/月	采购数量	项目当时成本增长/%						主承包商
		研制开发成本	采购成本	总项目成本	项目单位成本			研制开发成本	采购成本	总项目成本	项目单位成本			研制开发成本增长	采购成本增长	总项目成本增长	项目单位成本增长	项目时间增长（%）	采购数量增长（%）	
地空面向任务雷达	2005	375	1177.6	1552.6	24.259	66	64	1033.6	1703	2740.3	60.895		45	175.6	44.6	76.5	151		-29.7	诺斯罗普·格鲁曼
集成防空和导弹防御	2009	1689.4	3636.4	5325.8	17.993	80	296	2412	3481.5	5893.5	13.185	102	447	42.8	-4.3	10.7	-26.7	27.5	51	诺斯罗普·格鲁曼
联合空对地防区外导弹增程	2011	173.1	2214.9	2387.9	0.953	125	2507	298.2	3613	3911.2	1.359	129	2877	72.3	63.1	63.8	42.7		14.8	洛克希德·马丁
联合轻型战车	2012	1008.3	22822.7	23868.6	0.436	125	54730	975	22752.6	23727.6	0.434	128	5470	-3.3	-0.3	-0.6	-0.6	2.4	0	通用
联合精确接近和着陆系统增量 1A	2008	838.9	225.8	1072.1	28.976	75	37	1563.6	504.2	2075.1	76.857		27	86.4	123.2	93.6	165.2		-27	雷声

207

2015年（2015年美元价）

项目名称	项目开始时间	项目开始时成本/百万美元						项目当时成本/百万美元						项目当时成本增长/%						主承包商
		研制开发成本	采购成本	总项目成本	项目单位成本	项目初始时间/月	初始采购数量	研制开发成本	采购成本	总项目成本	项目单位成本	项目预计时间/月	采购数量	研制开发成本增长	采购成本增长	总项目成本增长	项目单位成本增长	项目时间增长（%）	采购数量增长（%）	
联合成本无线电系统手持式负载式	2004	576.9	10054.6	10631.5	0.032	85	328674	1394.4	8969.1	10363.5	0.038	122	271202	141.7	-10.8	-2.5	18.1	43.5	-17.5	通用
KC-46现代化项目	2011	7257	35239.2	46414.5	259.299	78	179	6700.5	33684.5	43159.4	241.114	78	179	-7.7	-4.4	-7	-7	0	0	波音
LHA 6"美国"级两栖攻击舰	2006	234	3134.1	3368.1	3368.138	146	1	424.1	9668	10094.2	3364.743	182	3	81.2	208.5	199.7	-0.1	24.7	200	惠廷顿英格尔斯
濒海战斗舰	2004	939.5	499.5	1439	359.75	41	4	3357.5	17773.3	21334.6	666.707	106	32	257.4	3458.2	1382.6	85.3	158.5	700	奥斯塔
M109A7	2012	1067.5	6015.5	7083	12.17	118	582	1118.8	5964.4	7083.2	12.694	118	558	4.8	-0.8	0	4.3	0	-4.1	BAE系统
移动用户目标系统	2004	3863.5	3214.6	7119.1	1186.518	90	6	4654.1	2882.4	7606	1267.659	118	6	20.5	-10.3	6.8	6.8	0	0	洛克希德·马丁

（续）

2015年（2015年美元价）

项目名称	项目开始时成本/百万美元							项目当时成本/百万美元						项目当时成本增长/%						主承包商
	项目开始时间	研制开发成本	采购成本	总项目成本	项目单位成本	项目初始时间/月	初始采购数量	研制开发成本	采购成本	总项目成本	项目单位成本	项目预计时间/月	采购数量	研制开发成本增长	采购成本增长	总项目成本增长	项目单位成本增长	项目时间增长/(%)	采购数量增长/(%)	
MQ-4C广域海上监视无人机系统	2009	3327.4	9874.4	13607	194.385	92	70	3992.4	8448.2	12766.5	182.378	120	70	20	-14.4	-6.2	-6.2	30.4	0	诺斯罗普·格鲁曼
MQ-8	2006	633.4	1782	2770	153650	104	177	896.3	2164.3	3060.6	24.29	170	126	41.5	21.5	10.5	55.2	63.5	-28.8	诺斯罗普·格鲁曼
下一代作战控制系统	2012	3507.1	0	3507.1	3507.1	55	1	3501.5	0	3501.5	3501.5	84	1	-0.2	0	-0.2	-0.2	52.7	0	雷声
两栖飞行器	2012	589.5	3577.6	4186.9	57.354	135	73	564.2	3470.5	4054.1	55.535	135	73	-4.3	-3	-3.2	-3.2	0	0	得事龙
小直径炸弹增量2	2010	1741.9	3237.9	4979.9	0.29	72	17163	1688.4	2210.1	3898.5	0.227	84	17163	-3.1	-31.7	-21.7	-21.7	16.7	0	雷声

（续）

项目名称	项目开始时间	项目开始时成本/百万美元						2015年（2015年美元价） 项目当时成本/百万美元						项目当时成本增长/%						主承包商
		研制开发成本	采购成本	总项目成本	项目单位成本	项目初始时间/月	初始采购数量	研制开发成本	采购成本	总项目成本	项目单位成本	项目预计时间/月	采购数量	研制开发成本增长	采购成本增长	总项目成本增长	项目单位成本增长	项目时间增长/（%）	采购数量增长/（%）	
作战人员战术信息网增量2	2007	252.7	3675	3927.7	2.075	50	1893	297.1	12225.5	12522.6	2.353	74	5323	17.6	232.7	218.8	13.4	48	181.2	通用
作战人员战术信息网增量3	2009	2846.3	14488.9	17335.1	4.978	165	3482	1996.7	0	1996.7			0	-29.8	-100	-88.5			-100	通用

附录 D

缩略词表

缩略词	全称	翻译	页码
APUC	Average Procurement Unit Cost	平均采购单位成本	88
ARH	Armed Reconnaissance Helicopter	武装侦察直升机	1
BBP	Better Buying Power	更佳购买力	65
C4ISR	Command Control Communication computer Intelligence Surveillance Reconnaissance	指挥、控制、通信、计算机、情报、监视、侦察	78
CMA	Chemical Material Agency	化学武器局	77
CPARS	Contractor Performance Assessment Reporting System	承包商业绩评估报告系统	48
CSIS	Center for Strategic and International Studies	国际战略研究中心	25
DAB	Defense Acquisition Board	国防采办委员会	34
DACIMS	Defense Automatic Cost Information Management System	国防自动成本信息管理系统	47
DAES	Defense Acquisition Executive Summary	国防采办执行情况概要	28
DAMIR	Defense Acquisition Management Information Retrieval	国防采办管理信息检索系统	38
DSARC	Defense Systems Acquisition Review Council	国防系统采办审查委员会	34
GAO	Government Accountability Office	政府问责办公室	11
IDA	Institute of Defense Analyze	国防分析研究所	31
MAIS	Major Automated Information System	重大自动化信息系统项目	44
MDAP	Major Defense Acquisition Programs	重大国防采办项目	26
NASA	National Aeronautics and Space Administration	美国国家航空航天局	28
PARCA	Office of Performance Assessments and Root Cause Analyses	绩效评估与原因分析办公室	10
PAUC	Program Acquisition Unit Cost	项目采办单位成本	76
RDT&E	Research Development Test and Evaluation	研制、开发、试验和鉴定	48
SAR	Selected Acquisition Report	选定采办项目报告	35
STOVL	Short Take-off and Vertical Landing	短距起飞垂直降落	66
TRL	Technology Readiness Level	技术成熟度等级	38
USD（AT&L）	Under Secretary of Defense for Acquisition，Technology and Logistics	负责采办、技术和后勤的副国防部长	25

参考文献

[1] Richard P J, Devinney T M, Yip G S, et al. Measuring Organizational Performance: Towards Methodological Best Practice[J]. Journal of Management, 2009, 35(3): 718-804.

[2] 吕彬. 建立和完善我军装备采购评价机制[R]. 总装装备论证研究中心, 2001:1.

[3] Winand M, Vos S, Claessens M, et al. A unified model of non-profit sport organizations performance: perspectives from the literature[J]. Managing Leisure, 2014, 19(2):121-150.

[4] Étienne Charbonneau, Gregg G, Van Ryzin. Benchmarks and Citizen Judgments of Local Government Performance: Findings from a survey experiment[J]. Public Management Review, 2013, 17(2):288-304.

[5] 刘典文. 公共项目绩效评估的方法运用[D]. 厦门: 厦门大学, 2008.

[6] Learning Capabilities Integration Center, Center for Acquisition and Program Management. Glossary: Defense Acquisition Acronyms and Terms Fifteenth Edition[R]. Fort Belvoir, Virginia:Defense Acquisition University, 2012.

[7] USD(AT&L). Department of Defense DIRECTIVE 5000.01[EB/OL]. 2007 [2015-04-07]. http://www. dtic. mil/ whs/directives/corres/pdf/500001p. pdf.

[8] USD(AT&L). DOD 5000.02 Operation of the Defense Acquisition System [R]. Washington D. C. :DOD, 2015: 5-6.

[9] 李维. 美军武器装备采办里程碑节点审查研究[D]. 北京: 中国国防科技信息中心, 2012.

[10] Ronald Kadish. Defense Acquisition Performance Assessment Report[EB/OL]. http://www.dtic. mil/cgi-bin/ GetTRDoc%3FAD%3DADA459941&hl=zh-CN&sa=X&scisig=AAGBfm0H8PQb2Jbfi8fHMVK_-RWQRQ_ IGA&nossl=1&oi=scholarr&ei=aYYkVcC8BISxogTi04CYBw&ved=0CBsQgAMoADAA.

[11] Sipple V, White E, Greiner M. Surveying Cost Growth[J]. Defense Ar Journal, 2004.

[12] Bolten J G, Leonard R S, Arena M V, et al. Sources of Weapon System Cost Growth:Analysis of 35 Major Defense Acquisition Programs[M]. RAND Corporation, 2008.

[13] Col M F, Cancian U. Cost Growth: Perception and Reality[J]. Defense Ar Journal, 2010, 15(3):1-12.

[14] Defense Acquisition University. Defense Acquisition Guidebook [EB/OL]. 2010 [2011-07-12]. https://dag. dau. mil.

[15] PARCA. Performance of Defense Acquisition System, 2013 Annual Report[R]. Washington DC:office of the Under Secretary of defense, 2013.

[16] PARCA. Performance of Defense Acquisition System, 2014 Annual Report[R]. Washington DC: office of the Under Secretary of defense, 2014.

[17] PARCA. Performance of Defense Acquisition System, 2015 Annual Report[R]. Washington DC: office of the Under Secretary of defense, 2015.

[18] Gene L Dodaro. DEFENSE ACQUISITIONS: Assessments of Selected Weapon Programs[R]. Washington, D. C. :United States Government Accountability Office, 2015.

[19] 陈淑琴. 基于统计学理论的城市住宅建筑能耗特征分析与节能评价[D]. 长沙: 湖南大学, 2009.

[20] 乔中. 管理学[M]. 北京: 机械工业出版社, 2006.

[21] 张代平, 谢冰峰, 王磊, 等. 美国国防部深入开展装备采办绩效评估[M] //世界武器装备与军事技术发展报告. 北京: 国防工业出版社, 2015: 109-113.

[22] Charles A B. High Risk: Letter to Congressional Committees Identifying GAO's Original High Risk Areas[R]. Washington, D. C. :United States General Accounting Office, 1990.

[23] Gene L D. High Risk Series An Update[R]. Washington, D. C. :United States General Accounting Office, 2015.

[24] 高明. 由美国政府问责署(GAO)评估报告分析小布什政府时期美国公共外交状况[D]. 上海: 复旦大学, 2009.

[25] Gene L D. GAO Performance and Accountability Report 2011[R]. Washington, D.C.:United States General Accounting Office, 2011.

[26] Michael J S. Defense Acquisitions Assessments of Selected Weapon Programs[R]. Washington, D. C. :United States General Accounting Office, 2008.

[27] Gary R B. Report to Congress on Performance Assessments and Root Cause Analyses[R]. Washington, D. C. :PARCA, 2014.

[28] Karen E H. RAND 2014 Annual Report[R]. Santa Monica: RAND, 2014.

[29] Joachim H. Cost and Time Overruns for Major Defense Acquisition Programs[R]. Washington, D. C. :Defense-Industrial Initiatives Group, 2011.

[30] 李维. 美军武器装备采办里程碑节点审查研究[D]. 北京: 中国国防科技信息中心, 2012.

[31] 张代平, 谢冰峰, 张玉华, 等. 国防采办系统的运行——美国国防部 2005 年版 5000.02 指示[M]. 北京: 国防工业出版社, 2015: 12-13.

[32] Riposo J, McKernan M, Duran C K. Prolonged Cycle Times and Schedule Growth in Defense Acquisition: A Literature Review[R]. RAND NATIONAL DEFENSE RESEARCH INST SANTA MONICA CA, 2014.

[33] GAO. Many Analyses of Alternatives Have Not Provided a Robust Assessment of Weapon System Options[R]. Washington, D. C. :United States Government Accountability Office, 2009. 15

[34] 张德和. 一波三折美新型武装侦察直升机研发计划再次受挫[J]. 环球军事, 2009, 15:26-27.

[35] CACI–CMS Information Systems. MAIS Annual Report (MAR) User's Guide[R]. Chantilly VA:OUSD (AT&L),

2013.

[36] USD(AT&L). Defense Acquisition Guidebook Chapter 10 - Decisions, Assessments, and Periodic Reporting [R]. Washington, D. C. :DOD, 2013.

[37] 郭道劝. 基于 TRL 的技术成熟度模型及评估研究[D]. 长沙: 国防科学技术大学, 2010.

[38] USD(AT&L). Defense Acquisition Guidebook Chapter 4 [R]. Washington, D.C.:DOD, 2013.

[39] GAO. Defense Acquisitions: Assessments of Major Weapon Programs[R]. Washington, D. C. :United States Government Accountability Office, 2003.

[40] 生志荣. 过程能力分析与过程能力指数的有关研究[D]. 上海: 华东师范大学, 2007.

[41] GAO. Best Practices: Capturing Design and Manufacturing Knowledge Early Improves Acquisition Outcomes[R]. GAO-02-701. Washington, D. C. : GAO, 2002).

[42] Morgan J. Manufacturing Readiness Levels (MRLs) and Manufacturing Readiness Assessments (MRAs)[R]. AIR FORCE RESEARCH LAB WRIGHT-PATTERSON AFB OH MANUFACTURING TECHNOLOGY DIVISION, 2008.

[43] Davis D, Ohlandt C, Shontz D A, et al. Performance of the Defense Acquisition System 2013 Annual Report[R]. Washington, DC: Office of the Under Secretary of Defense, Acquisition, Technology and Logistics, 2013.

[44] USD(AT&L). Defense Acquisition Guidebook Chapter 10 [R]. Washington, D. C. :DOD, 2013.

[45] CACI–CMS Information Systems. MAIS Annual Report (MAR) User's Guide[R]. Chantilly VA:OUSD (AT&L), 2013.

[46] USD(AT&L). Defense Acquisition Guidebook Chapter 9.7.4 [R]. Washington, D.C.:DOD, 2013.

[47] IBM. GSA Federal Procurement Data System-Next Generation (FPDS-NG) Data Element Dictionary[R]. Washington, D. C. :FPDS-NG, 2015.

[48] 布莱洛克. 社会统计学[M]. 重庆: 重庆大学出版社, 2010.

[49] Gold D. Statistical tests and substantive significance[J]. The American Sociologist, 1969,4(1): 42-46.

[50] 宁连举, 李萌. 基于因子分析法构建大中型工业企业技术创新能力评价模型[J]. 科研管理, 2011, 32(3): 51-58.

[51] 赵秀丽. 美国 JSF 计划第二轮竞争结果揭晓[J]. 国际航空, 1997, 2:25-27.

[52] 赵群力. JSF 项目合同竞争进入白热化: 波音和洛克希德·马丁方案各有千秋[J]. 国际航空, 1999, 5: 44-46.

[53] GAO. Defense Acquisitions: Assessments of Major Weapon Programs[R]. Washington, D.C.:United States Government Accountability Office, 2003.

[54] 田晓地. F-35 战斗机经济可承受性问题的启示[J]. 价值工程, 2015, 23: 203-206.

[55] Michael J Gilmore. Director of Operational Test and Evaluation FY2015 Annual Report[R]. Washington, DC: DOT&E, 2016.

[56] Naval Sea Systems Command. Acquisition Strategy Guide [EB/OL]. 2010[2016-1-11]. https: //acc. dau. mil/ CommunityBrowser.aspx?id=379648.

[57] Moshe Schwartz. The Nunn-McCurdy Act: Background, Analysis, and Issues for Congress [R]. Washington, DC: Congressional Research Service, 2015.

[58] 王磊, 刘通, 谢冰峰. 美军装备建设推行联合采办的历史沿革与未来走向[J]. 科技创新与品牌, 2013, 08:64-65.

[59] USD(AT&L). Defense Acquisition Guidebook Chapter 10.9 [R]. Washington, DC: DOD, 2013.

[60] Michael Gilmore. U. S. Congress, House Committee on the Budget, Long-Term Sustainability of Current Defense Plans[R]. 111th Cong., 1st sess., 2009.

[61] 张成鲁, 张代平. 美军推进"更优购买力"采办改革的特点及启示[J]. 装备学院学报, 2013, 02: 57-60.

[62] Frank Kendall. Better buying power 3.0 implementtion guidance [R]. Washington, D.C.:Under Secretary of Defense, 2015.

[63] 周静. 美军承包商以往业绩评估机制研究[D]. 北京: 中国国防科技信息中心, 2008.

[64] 陈天祥, 陈芬. 影响政府绩效评估指标体系设计的多维因素[J]. 中国人民大学学报, 2007, 06: 88-93.

[65] 布莱洛克. 社会统计学[M]. 重庆: 重庆大学出版社, 2010.

后　记

　　本书聚焦美军武器装备采办绩效评估的主要做法和经验。首先，从美军武器装备采办绩效评估的基本过程出发，对评估机构类型、对象范围、手段方法以及结果运用等 4 个方面进行了研究；然后，以美军武器装备采办项目相关数据为基础，结合单一项目和项目总体武器装备采办绩效评估的案例分析，对美军武器装备采办绩效评估过程中的特点和不足进行总结和分析；最后，以美军评估做法和经验为基础，结合我军实际，对我军武器装备采办绩效评估的思路和推动措施进行思考，为我军未来开展相关工作提供参考。

　　通过对美军武器装备采办绩效评估的研究，主要得出以下结论：

　　（1）将武器装备采办绩效评估定义为：专门机构和人员在掌握武器装备采办相关信息的基础上，通过一定的方法、标准以及程序，对武器装备采办的成绩和效果进行衡量、评价，并得出可用结论的过程。

　　（2）美军武器装备采办绩效评估自上而下可以分为国会层次、国防部层次以及军种部层次开展的武器装备采办绩效评估，不同层次的武器装备采办绩效评估分别依托 GAO、PARCA、CSIS 以及兰德公司等机构开展具体的评估工作，其中：GAO 立足监督职能，从问责角度出发开展绩效评估；PARCA 立足国防部内部，从改进武器装备采办的角度开展绩效评估；智库接受国防部或军种部的委托而开展绩效评估。

　　（3）美军武器装备采办绩效评估涉及到不同层次、不同阶段、不同类别的评估对象。层次方面，绩效评估分为项目层和合同层的评估；阶段方面，绩效评估包括开发阶段和生产阶段的评估；种类方面，采办执行官、承包商、商品类别、军种部门等都是绩效评估的对象。

（4）美军武器装备采办绩效评估数据主要涉及项目和合同的成本、进度数据，其中：项目数据主要来自于 SAR 报告、MAR 报告、BLRIP 报告及 CPARS 数据库等；合同数据主要来自于挣值中央资料库、新一代联邦采购数据系统、承包商成本数据报告等。

（5）美军武器装备采办绩效评估中，不同评估机构采用不同的指标体系开展评估。其中：GAO 评估指标体系包括项目成本、进度和性能等 3 个一级指标及 6 个二级指标；PARCA 评估指标体系包括项目、合同、机构、政策和人员等 5 个一级指标及 13 个二级指标和 38 个三级指标；兰德公司成本评估指标体系包括开发成本、采购成本、总成本和军事建设成本等 4 个指标，进度评估指标体系包括计划进度、偏离量和混合型 3 个一级指标及 16 个二级指标；CSIS 的成本评估指标体系包括成本增长、军种部、主承包商、竞争类型和合同类型等 5 个一级指标及 24 个二级指标。

（6）美军武器装备采办绩效评估中，不同评估机构采用不同的方法开展评估。GAO 的评估方法主要依据对比分析的思路，其中成本和进度数据与基准年进行对比，性能数据与最佳实践标准对比；PARCA、兰德公司和 CSIS 评估方法类似，采用统计分析方法和定性分析法结合的思路，依据大量数据表现出的统计特性并结合根本原因分析开展评估。

（7）美军武器装备采办绩效评估结果运用，包括直接运用和间接运用两个层次，其中：直接运用包括对采办政策调整做出贡献的宏观运用和对具体项目做出调整的微观运用；间接运用是指通过评估数据、方法、结果等的积累，为之后的评估或其他方面的工作提供资源。

（8）美军武器装备采办绩效评估的特点主要体现在：①内部和外部评估结合、宏观和微观评估结合、历史和将来评估结合；②评估数据体现了评估工作的严谨性，而评估数据搜集体现评估工作协作性；③评估指标建立综合因素与分解因素、原因因素和结果因素并重；④评估方法淡化绩效本身，突出绩效原因分析，并且注重方法的更新和改进；⑤评估结果直接运用和间接运用并重，并且注重信息化手段的使用。

（9）美军武器装备采办绩效评估在评估的完善性和评估管理上存在不足，具体表现在：绩效评估的政策制度、评估对象和评估数据不完善；绩效评估的集中统管机制、信息管理机制和内部控制机制存在不足。

（10）我军开展武器装备采办绩效评估的难易程度为一般，且评估政策、队伍、数据、指标、方法在绩效评估中扮演最重要的角色。

本书尽可能对美军武器装备采办绩效评估进行全面系统的研究，并且针对我军实际提出了开展武器装备采办绩效评估的总体思路，但是由于美军大量关于武器装备采办绩效评估的细节内容未完全公开、我军武器装备采办成本和进度数据难以获取等原因，本书研究内容不够完善，需要在接下来的研究中进一步深化。

（1）美军武器装备采办绩效评估指标和评估效果需要进一步研究。美军武器装备采办绩效评估过程中，仅根据获取到的评估数据对评估指标的选取进行限定，而没有其他更加明确的标准和原则。接下来的研究中，需要对这些指标的评估效果进行分析，以确定哪些指标属于值得被评估或可以移植到我军武器装备采办绩效评估中，并且探索其他有价值、评估可行性高的指标。

（2）论证是否能够将单一合同评估纳入到武器装备采办绩效评估体系中，真正实现评估对象项目层次和合同层次并重、单一层次和总体层次并重。

（3）针对我军的武器装备采办绩效评估的研究需要进一步深入。本书针对我军武器装备采办绩效评估只是提出了开展的思路和推动的措施建议，下一步的研究中需要对我军武器装备采办绩效评估的方案进行设计。

（4）结合美军后续武器装备采办绩效评估工作情况，对本书研究内容进一步验证和修正。